_____ 님의 소중한 미래를 위해
이 책을 드립니다.

이쁘게 말하는
당신이 좋다

이쁘게
말하는

당신이
좋다

임영주 지음

주변에 사람이
모여드는
말 습관

메이트북스

메이트북스 우리는 책이 독자를 위한 것임을 잊지 않는다.
우리는 독자의 꿈을 사랑하고,
그 꿈이 실현될 수 있는 도구를 세상에 내놓는다.

이쁘게 말하는 당신이 좋다

초판 1쇄 발행 2018년 8월 24일 | 초판 11쇄 발행 2024년 9월 1일 | **지은이** 임영주

펴낸곳 ㈜원앤원콘텐츠그룹 | **펴낸이** 강현규·정영훈

등록번호 제301-2006-001호 | **등록일자** 2013년 5월 24일

주소 04607 서울시 중구 다산로 139 랜더스빌딩 5층 | **전화** (02)2234-7117

팩스 (02)2234-1086 | **홈페이지** matebooks.co.kr | **이메일** khg0109@hanmail.net

값 15,000원 | **ISBN** 979-11-6002-166-0 03190

이 도서의 국립중앙도서관 출판시도서목록(CIP)은 e-CIP홈페이지(http://www.nl.go.kr/ecip)에서
이용하실 수 있습니다.(CIP제어번호 : CIP2018024494)

부드러운 말로 상대를 설득하지 못하는 사람은
위엄 있는 말로도 설득하지 못한다.

• 안톤 체호프(러시아의 소설가 겸 극작가) •

천리만리 말의 향

이 책은 우연한 기회로 시작되었습니다.

'말의 힘'은 세다고, '말의 향기'는 천리만리로 퍼져나간다고, 말을 좋아하고, 말 이야기를 좋아한다고, 언젠가 말 에세이를 쓸 거라고 자주 말했던 것이 계기였습니다. 그러고보니 기회는 우연한 듯 왔지만 사실 그동안 제가 말한 대로 이뤄진 것입니다.

'말이 씨가 된다'는 속담 덕을 본 거네요. 그 말의 씨로 인해 꽃 피우고 열매를 맺게 되었으니까요. 저는 이 책으로 또 한 번 '말의 기적'을 믿게 되었습니다. 말하면 이루어진다는 것, 말의 씨 앗을 잘 뿌려야겠다는 것, 말씨가 인생이 된다는 것을 말입니다.

말은 다양한 캐릭터를 가졌습니다.

앞모습과 뒷모습이 있고, 말의 여운은 아주 길게 가며, 말의 향기는 사람과 사람 사이를 늘 채워줍니다.

'언어', 그리고 '말'.

같은 의미지만 그 느낌이 사뭇 다를 때가 있습니다. 언어는 말씀 언ᄅ, 말씀 어ᄙ로 말씀이 2번이나 강조되어 무게가 느껴집니다. 말이라는 말은 견줄 수 없는 명쾌함을 줍니다. 저는 이 두 말을 입 밖으로 자꾸 소리내어 봤습니다. 언어의 힘, 말의 힘. 언어의 향기, 말의 향기.

고를 수 없을 만큼 느낌이 모두 좋습니다.

말을 좋아하는 만큼 난센스 퀴즈에도 관심이 많습니다. 들을수록 말의 재미를 느끼거든요. 말 중에서도 웃음 효험을 내기 위해 말의 요모조모에서 뽑아낸 재료의 함량을 재고, 적절히 조제해 웃음 보약을 지은 '말의 정성'을 확인한 사연도 담았습니다. 예전 같으면 웃기는 말을 들으면 웃을 일인가 아닌가를 생각했습니다. 웃자고 한 말에 '생각'을 하다니, 치기 어린 때의 일입니다. 어릴 때는 말 한마디 하려 하면, "애가 어디 어른들 말씀하시는데…"라고 하는 말에 이래저래 말을 억누르는 일이 많았고, 웃고 웃기기보다 진중한 것이 가치 있다고 은연 중에 느끼고 배웠기 때문입니다. 말도 무겁게 하고, 삶도 진지한 것이 미덕이던 때의 이야기입니다. 세상이 달라진 만큼 언어의 세상도 변했습니다. 바야흐로 말의 캐릭터를 잘 활용하는 사람들의 세상이 되었습니다.

'차가 울면 잉카, 반성문을 영어로 하면 글로벌, 딸기가 직장에서 잘리면 딸기 시럽'.
본문에도 나와 있듯 난센스 퀴즈는 말의 향연입니다. 어떤 것은 동음이의어로, 어떤 것은 연음법칙으로, 어떤 것은 외국어와 한글을 재미있게 섞어놓아 잠시 머리 쓰며 답을 찾게 합니다. 답을 알고 나면 엉뚱해서 허탈하기도 하고, 답을 모를 때는 기가 막히게 어렵더니 알고 나면 너무 쉬워서 기도 안 막힙니다. 말의 유희와 말잔치로 이보다 더 재미있고 풍요로운 게 있나 싶습니다.

하지만 재미있다고 말을 함부로 쓰면 안 된다는 것도 압니다. 그 의미와 무게가 천금 같고 만금 같기 때문입니다. 지나치게 말을 아끼고 말에 끌려가는 것도 인생을 위축되게 하지만, 말을 가볍게 여기면 인생이 말에 끌려간다는 것 또한 새깁니다. 함부로 내뱉은 말이 화살이 되어 아프게 하고, 부메랑이 되어 돌아오는 것을 직간접으로 경험하는 일이 많습니다.

하지만 여전히 사람은 말을 좋아해야 한다고 생각합니다. 말을 좋아하면 함부로 대하지 않습니다. 말을 좋아하는 사람은 말의 책임이 막중하다는 것도 확실히 압니다. 저도 퀴즈 하나 내보려 합니다. '세상에서 가장 힘 센 말'은 무엇일까요?'
'사람 말'입니다. '사람의 말'이라고 하면 더 정확할까요? 말 가운데 정말 말다운 말이 힘이 세야 향기로운 세상이 된다는 믿음으로 이 책을 썼습니다.

말로 흥하고 말로 성공한 사람을 존경합니다. 그 지혜를 본받고 싶어집니다. 인간은 '언어적 동물'임을 되새기며, 수많은 음소를 성공적으로 조합하고, 사람이 낼 수 있는 최상의 목소리를 음절마다 정성스럽게 불어넣고 싶습니다. '사람들 사이에 섬이 있다'는 시가 있습니다. 공교롭게 현대인의 의사소통 부재를 인용할 때 쓰이는데 다행히 '사람들 사이에는 말이 있다'고 써넣으니 위로가 되네요. 사람 사이에서 향기롭게 살아가고 싶은 제게, '말'은 사람의 전부입니다.

이 책에서의 '말'은 앨버트 메러비안의 소통의 3요소인 눈짓, 손짓, 뒷모습 등 시각적 요소와 어투, 어조 등의 청각적인 것까지 포함합니다. 표현 언어로서의 말과 글을 사용하는 화자. 수용언어로서의 듣기와 읽기를 하는 청자와 독자도 '말'의 주인이라는 점도 잊지 않았습니다. 말은 하는 사람과 듣는 사람 모두의 것이기 때문입니다.

감각적인 글로 쉽게 다가가기를 원하면서도 가끔은 쉼표와 마침표, 물음표와 느낌표로 멈추고, 생각하고 다시 나아가길 바라는 마음도 담았습니다. 위로가 되고, 미소 짓게 하고, 힘을 주는 말들과 함께하는 삶에 제 글의 몇 문장이 동참한다면 좋겠다는 마음도 담았습니다. 이렇게 바라는 바가 많으니 독자에게 아무 욕심 내지 않는 글쓰기는 언제쯤 할 수 있을까요? 바라는 김에, 책을 덮을 때쯤 지은이의 말을 한 번 더 읽어주었으면 합니다.

'말'로 삶을 가꾸고
'말'로 사랑, '말'로 행복, '말'로 기쁨, '말'로 교감하며
'말'로 서로에게 잘 닿는다면

'말'로 천리만리 향기를 채운다면

걸으면서 떠오르는 노래 한 소절, 영화 한 편, 시 한 편, 책 한 권, 그리고 책 속의 한 문장. 그런 말들이 우리에게 말을 걸어올 때 인생이 더없이 행복하리라 믿습니다.

글을 시작합니다. 말은 부드럽고, 따뜻하고, 그리고 힘이 세고, 향기롭다고…. 이쁘게 말하는 당신이 좋습니다.

임영주

| 차례 |

이쁘게 말하는 당신이 좋다

이쁘게 말하는 당신, 닮고 싶다

이쁘게 말하는 사람은 꽃보다 아름답다

나는 말에 진심을 담기로 했다

사람과 사람 사이에 말이 있다

말에도 천리를 가는 향기가 있다

『이쁘게 말하는 당신이 좋다』
저자 심층 인터뷰

> '저자 심층 인터뷰'는 이 책의 심층적 이해를 돕기 위해 편집자가 질문하고 저자가 답하는 형식으로 구성한 것입니다.

Q. 『이쁘게 말하는 당신이 좋다』를 소개해주시고, 이 책을 통해 독자들에게 전하고 싶은 메시지가 무엇인지 말씀해주세요.

A. '어떻게 말하는 것이 이쁘게 말하는 것인가?' '왜 굳이 말을 이쁘게 해야 하는가?' 『이쁘게 말하는 당신이 좋다』라는 제목은 이 책의 모든 것을 보여줍니다. '이쁘게'라는 '세 글자'에 담긴 의미가 크거든요. '이쁘다'의 반대말을 생각해보면 이 책의 메시지가 분명해집니다. '이쁘다'의 반대말은 '밉다'입니다. 말의 태생을 잘

살려서, 인격으로 다듬어 말하는 것이 이쁘게 말하는 것입니다. 말을 밉게 한다는 건 말의 원형을 뒤틀고 자기 마음대로 해석해 쓰는 것입니다. 말로 상처주고, 말로 상처받는 사람들이 너무도 많습니다. 말의 본질을 잊고, 말을 마음대로 쓴 부작용입니다. 말은 사람과 사람을 이어주고, 소통하게 합니다. 사람과 사람을 이어주는 말의 원래 모습을 잘 살려 쓰는 사람이 '이쁘게 말하는 당신'입니다. 나오는 대로 말하고, 하고 싶은 말을 자기 식대로 하는 게 솔직한 화법이라고 여기는 현실에서 '성질'대로, '성격'대로 말하는 것이 아니라 '인격'으로 다듬어 말하는 사람인 것입니다. 거칠고 밉게 말하는 사람이 아니라 이쁘게 말하는 사람들과 산다면 행복할 것입니다. 말은 우리의 모든 것이기 때문입니다. 말의 원래 모습을 잘 살려 따뜻한 삶을 살고 싶은 마음을 담아 '이쁘게 말하는' 것에 대해 썼습니다.

Q. 주변을 둘러보면 이쁘게 말하는 사람도 있고, 밉게 말하는 사람도 꼭 있습니다. 이쁘게 말하는 사람과 밉게 말하는 사람의 결정적 차이는 무엇인가요?

A. 돌직구가 자기 장점이라고 말하는 사람을 만난 적이 있습니다. 우리가 만나는 사람들은 보편성만큼이나 개성을 지녔습니다. 돌직구를 아무렇지도 않게 받아치는 사람이 있는가 하면 그 말에

상상하지 못할 상처를 받아 평생 아픈 사람도 있습니다. "뭘 그런 말에 상처 받고 그래?"라는 말로 위로가 안 됩니다. 하고 싶은 말과 듣고 싶은 말이 다를 때가 있습니다. '말 잘하는 사람'이 대접받는 시대입니다. 그보다 더 대접받는 사람은 '잘 말하는 사람'입니다. 이쁘게 말하는 사람은 자기 말을 하면서도 듣는 사람을 생각하는 말을 합니다. 말 듣는 사람의 입장, 나이, 상황 등을 고려하는 말을 하는 것입니다. '이쁘게 말하는 사람'은 말의 힘을 알기에 말을 다듬고, 어휘를 골라 말합니다. 말을 다듬어 말하므로 거칠지 않아 상처 주는 일도 적습니다. '밉게 말하는 사람'과의 결정적 차이입니다.

Q. 사전에서는 수다를 '쓸데없이 말수가 많음'이라고 풀이해놓았지만, 수다가 삶에 위안을 준다고 하셨습니다. 수다의 진정한 가치에 대해 알려주시기 바랍니다.

A. 책에 '수다가 대수다'라는 글이 있습니다. 사전에는 '쓸데없이 말수가 많음'이라고 되어있지만 일상에서의 수다는 '쓸 데'가 많습니다. 수다 떨 때 우리는 무장해제를 하고 속마음을 털어놓게 됩니다. 그야말로 자연스러운 소통이 이뤄지는 겁니다. 가까운 사

이일수록 대화 이전에 수다가 필요합니다. 가까울수록 상대에 대해 알고 싶어 하듯 말입니다. 너의 마음을 알고, 그의 생각을 보여줄 때 우리는 위안을 받고 따뜻해집니다. 직장에서의 티타임 수다는 창의적인 결과물도 낳습니다. 유연성과 창의성을 발휘하기에 수다야말로 최적이기 때문입니다. 수다는 격식을 빼고, 서로 간격이 없는 상태에서 나누는 말이라서 그렇습니다. 수다의 백미는 무엇보다 격의 없이 자연스럽게 사람을 이어주는 '너와 나의 소통'이라는 겁니다. 그래서 수다가 대수입니다.

Q. 긍정으로 말하는 사람을 닮고 싶다는 데서 그치지 말고 연습이 엄청 필요하다고 하셨습니다. 어떤 연습을 해야 하나요?

A. 말이야말로 습관의 결정체입니다. 습관은 꾸준히 노력해서 몸에 배게 하는 것입니다. 몸에 배게 하려면 '연습'이 필요합니다. 연습의 습習과 습관의 습習이 같은 글자입니다. 긍정으로 말하는 사람을 닮고 싶다는 생각 자체도 멋지지만, 그렇게 말하는 사람처럼 되려면 평소 꾸준히 연습해야 입술과 가슴이 그걸 기억합니다. "행복해" "정말 좋아" "너무너무 고마워" "아, 따뜻해" 세상에는 수많은 시각, 청각, 후각, 촉각, 미각의 자극이 존재합니다.

『이쁘게 말하는 당신이 좋다』 저자 심층 인터뷰

그 자극 가운데 좋고, 편안하고, 따뜻하고, 말랑거리는 긍정의 느낌을 많이 표현한다면 인생이 행복하지 않을까요? 긍정으로 말하는 사람이 많으면 좋겠습니다. 팍팍하고 모진, 예측불가의 삶을 살아가느라 가뜩이나 힘든데 기 뺏기는 말을 듣기보다 기 살리는 말을 듣고 싶으니까 말입니다. 자신부터 긍정으로 말하고 긍정으로 말하는 사람들과 어울리는 삶이었으면 좋겠습니다.

Q. 말을 떠나보내는 사람이 있고 말을 붙잡아두는 사람이 있다고 하셨습니다. 구체적으로 어떤 의미인지 알려주시기 바랍니다.

A. 살다보면 자신의 의지와 상관없이 '듣고 싶지 않은 말'도 듣게 됩니다. 상대는 아프게 하려고 한 말이 아닌데도 자신에겐 평생 잊지 못할 아픈 말로 각인되기도 합니다. 자신이 듣고 싶은 말만 들으면 좋겠지만, 직장에서도 심지어 가족조차도 듣기 좋은 말만 하지는 않습니다. 만약 자신이 어떤 말(글)에 민감하다면 상대에게 미리 알려주는 것도 방법입니다. 최소한 상처 주는 말을 덜 들을 테니까요. 그리고 '되새길 말'과 '떠나보낼 말'을 가리는 게 좋습니다. 곰곰 되새길 말은 내 인생을 풍요롭게 하지만, 떠나보낼 말을 품고 있으면 자신만 아프고 힘듭니다. 세상과 타인을 바꿀

수 없듯 상대의 말을 통제할 수는 없습니다. 내 인생을 부정적으로 흔드는 말은 '떠나보낼 말'입니다. 때로는 아프고 쓴 말이지만 '붙잡아 둘 말'도 있습니다. 남의 말에 흔들리지 않되, 남의 말도 내 삶으로 가져올 때 더 괜찮은 삶을 살 수도 있으니까요. 말의 옥석을 가리면 삶이 편안하고 행복합니다.

Q. 소리 지르기, 심한 말, 폭력적인 말 등 감정 조절에 실패하는 말하기를 피하라고 하셨습니다. 부정적인 감정에서 잘 말하는 법은 무엇인가요?

A. 좋을 때, 행복할 때는 표현할수록 좋습니다. 웃고, 환호하고 축하하고 박수치면 됩니다. 인간의 감정 가운데 여과 없이 표현할수록 좋은 감정이 있고, '철저한 여과' 후에 표현할 감정이 있습니다. 부정적 감정은 여과 없이 나오는 대로 표현하면 위험합니다. 자신과 타인을 갈라놓고, 인생을 송두리째 흔들기도 합니다. 밉게 한 말의 결과입니다.

부정적인 상황에서는 '잘 말(표현)해야' 합니다. 소리 지르기, 심한 말, 폭력적인 말은 여과 없이 나오기에 반드시 불순물이 섞입니다. 이를 잘 걸러 말하는 게 감정 조절입니다. 숨고르기, 참을 인(忍)자 3번 쓰기, 복식 호흡하기, 화장실에 가서 거울 보고, 손 닦으며 마음 정화하고 나와서 말하기 등 무엇이든 자신과 상황에 맞는 방법을 찾아야 합니다. 한 번 꺼낸 부정적인 말은 '새장 밖을 날아간 새와 같아서 다시는 불러들일 수 없기' 때문입니다. 감정 조절 실패로 '밉게 한 말'에 대한 책임은 무겁습니다.

Q. 여행 도중 노부부가 나눈 "그래요" "알았어요"라는 말에서 '받아주는 말'의 중요성을 느꼈다고 하셨습니다. 받아주는 말을 제대로 구사하려면 어떻게 해야 하나요?

A. 상대를 이해하고 사랑해야 합니다. 이 평범한 말밖에는 다른 대답이 없을 정도입니다. 이해는 상대를 제대로 바라본다는 의미입니다. 삐딱한 시선으로 상대를 바라본다면 '이해'는 '불가'입니다. 사랑은 상대를 온전하게 받아들인다는 의미입니다. 연인 간 사랑이든, 부부, 부모와 자녀, 직장에서 만난 사이든 마찬가지입니다. 상대를 내 안에 받아들이지 않으면 '온전한 말'도 '반쪽 말'로 들립니다. 좋은 의미의 말 건넴인데도 지적과 간섭으로 들려서 말도, 사람도 내치게 됩니다.

'받아주는 말'을 제대로 구사하려면 이해와 사랑을 전제하며 그다음에는 어투를 가다듬어 말하는 게 중요합니다. "그래요" "알았어요"라는 말은 어투에 따라 상대에게 닿는 게 사뭇 다르기 때문입니다. '너를 위해' 말하고 '나를 위해' 말하는 진심을 담은 "그래요…" "알았어요…"의 여운이 참 좋습니다.

Q. 추임새는 말할 맛이 나게 해야 한다고 하셨습니다. 말하는 사람의 흥이 나게 하는 바람직한 추임새가 있다면 추천해주시기 바랍니다.

A. 추임새라고 하면 '입(말) 추임새'를 생각합니다. 입 추임새는 말하는 사람을 신나게 하고 말할 맛이 나게 합니다. "그래?" "어머!" "그랬어?" "그랬구나!" 등입니다. 누구나 쉽게 할 수 있는 추임새지만 이런 소소한 추임새에 경청의 모든 미덕이 담겨 있습니다. 상대의 말을 잘 들어야 할 수 있기 때문입니다. 그리고 잘 들은 것에 대한 화답이어야 진정한 추임새라 할 수 있습니다.

입(말) 추임새와 아울러 꼭 기억해야 할 추임새가 '몸 추임새'입니다. 상대방에게 몸을 약간 기울이는 경청의 자세와 상대를 바라보며 고개를 끄덕이는 것, 이 모든 것이 몸 추임새입니다. 사실 말 추임새 이전에 몸 추임새가 먼저여야 합니다. 추임새는 말하는 사람에게 말할 맛과 흥이 나게 하는 요체라 할 수 있습니다. 추임새가 오가는 사이라면 진짜 말 통하는 귀한 사이입니다.

Q. '덕분에'라는 말은 상대방에 대한 고마움과 존중 없이는 나올 수 없는 말이라고 하셨습니다. '덕분에'의 놀라운 힘에 대해 설명 부탁드립니다.

A. 소통과 대화에서 빼놓을 수 없는 것이 'I-message'입니다. "내 생각에는"으로 말하는 이 화법은 '너 때문에(You-message)'라는 상대방에 대한 원망과 질책을 줄일 수 있는 대화법입니다. 그러다보니 마치 'You-message'가 원망의 표현처럼 여겨져 "덕분에"라는 말을 듣기 어려워졌습니다. "덕분에"라는 말은 상대에 대한 고마움과 존중의 의미를 담은 말입니다. "당신 덕분에" "딸 덕분에" "선생님 덕분에" 등등 "덕분에"라는 말을 많이 하면 좋겠습니다. 이 말은 자신이 세상과 또는 사람들과 조화롭고 행복하게 산다는 의미입니다. 감사와 존중의 순간에 You-message를 아낌없이 쓰면 좋겠습니다.

Q. 이쁘게 말하는 사람이 되어서 사람들과 잘 어울리고 싶지만, 밉게 말하는 습관이 생각보다 잘 고쳐지지 않아 고민인 독자들에게 한 말씀 부탁드립니다.

A. 마음이 가는 사람과 '밉상'인 사람이 있습니다. 잘 보면 이유가 보입니다. 대체적으로 말 때문인 경우가 많습니다. 말은 본문에서 말했듯 어조, 말투, 표정 등 시청각적 요소를 포함합니다. '말

로 천 냥 빚 갚는 사람'이 있고 '혀 밑에 도끼' 든 줄 모르고 말하는 사람이 있습니다. 말로 천 냥이나 되는 큰돈을 갚는 사람은 이쁘게 말하는 사람입니다. 밉게 말하는 습관을 고치는 방법은 이쁘게 말하는 습관으로 대체시키는 것입니다. 말은 습관이니까요. 습관은 연습과 반복과 실천의 총체입니다. 상대와 사물의 긍정적인 면을 찾아 표현하고, '하고 싶은 말'을 할 때도 상대와 상황을 배려해서 말한다면 '듣고 싶은 말'이 됩니다. 무엇보다 '말은 상대에게 닿기 전에 자신에게 먼저 와 닿는다'는 것을 우리는 알기에 이 책 『이쁘게 말하는 당신이 좋다』가 도움이 될 거라고 생각합니다. 거듭 생각해도 이쁘게 말하는 사람이 좋습니다.

1

이쁘게 말하는
당신이 좋다

나만 삭이다, 화병이 난 걸까?

손을 씻으며 버릴 말은 하수구로 흘려버린다.
화도 물 따라 흘려보낸다.

말을 안 해서 화병이 나는 사람이 있다. 예전에는 웬만한 병은 몰아서 '화병'이라고 했지만 현대의학이 밝혀낸 화병의 병명은 여럿 있다. 그래도 여전히 화병의 원인이 너무 많아서인지 스트레스가 감초처럼 꼽힌다.

스트레스의 원인이야 많겠지만 그 중 '말'을 빼놓을 수 없다. 할 말 안 해서 화가 뭉치고, 할 말 못해서 화나는 경험은 예민한 사람일수록, 어려서부터 착하다는 말을 들은 '착한 사람 콤플렉스'에 빠진 사람일수록 많다. 사실 착하다는 게 나쁠 리 없건만, 좋은 이미지를 유지하고 착하다는 말을 계속 들으려면 본인의 속은 까맣게 타들어갔을 수도 있다.

지인 중에 그야말로 착한 사람이 있다. 다행히 자신의 분야에서 우수한 입지에 있기에 그 착함이 '인격적'으로 보이지만 자신의 속은 타고 끓는다.

"예전에는 안 그러더니 점점 속상한 일도 많고 숨쉬기가 답답해요. 심전도 검사도 해봤는데 심장에 이상은 없대요. 긴 숨을 쉬기 힘들다 했더니 위내시경을 해보라고 해서요."
병은 심장 쪽이 아닌 엉뚱한 곳에서 나왔다. '역류성 식도염'이었단다.
"한 달치 약 처방전 받고, 약국에서 약보따리 들고 나오는데 눈물이 자꾸 나는 거예요."
약사는 이 친구에게 약에 대한 설명을 하며 너무 참지 말고 살라고 "얼굴 보니까 꽤 참고 사는 것 같아서요"라고 했단다.
관상을 본 건지 이 친구의 순한 말투를 듣고 그런 건지 모르지만, 이 말에 눈물이 왈칵 났다고…. 이 친구, 운전을 하면서 한참을 울었단다.

나는 몇 년 전의 기억이 떠올랐다. 그 기억의 중심에는 사사건건 부딪치던 사람이 있었다. 사람과 부대껴본 사람은 안다. 아프다. 그런데 부딪치는 사람과는 '외나무다리에서 원수' 만나듯 이상한 일로 부딪치고, 일은 꼬이고, 오해는 커진다. 피할 수 있는 사이라면 피하면 좋겠지만, 그런 사람이 중요한 일과 깊숙이 관련되어 있으면 더 괴롭다. 그때에 나도 누우면 숨이 안 쉬어졌었다.

착해서 할 말 못하는 지인에 빗댈 일이 아니지만, 할 말을 다 못해 억울할 때가 많았다. 하지만 고민을 털어놓을 사람이 없었다. 내 앞에서는 공감하는 척하겠지만, 결국 가십거리로 떠돌 것이 아닌가. 이래저래 해소하지 못한 분함과 하지 못한 말들로 인한 억울함이 치밀어 오르니 숨쉬기가 힘들었던 것이다.

나는 법륜 스님의 "남이 꽃을 주면 고맙게 받아 화병에 꽂아두지만, 쓰레기를 주는데 왜 그걸 받아 보관하느냐"라는 말씀을 듣다가 놀랐다. 화병火病이 화병花瓶과 글자가 같지 않은가. 아름다운 꽃이라면 화병에 담지만 굳이 남이 던진 쓰레기를 내 맘에 담아 화병을 키우다니….

"버리자. 버리자."

이후 더 많은 사람을 만나고 겪으면서, 나를 괴롭혔던 그 사람도 나 때문에 화병 났을지도 모른다는 생각이 들었다. 나는 과연 그 사람에게 꽃 같은 말만 건넸을까?

제아무리 '혀 밑에 도끼 들었다'고 한들 할 말은 해야지 싶다. 참지 말고 표현해야 서로 더 잘 아니까. 지인과 나, 그리고 나를 화병 나게 했던 그 사람을 포함해서 말이다.

그래도 할 말 '막' 하는 사람들과 살다보면 화병이 생긴다. 그 사람을 막을 수 없다면 내가 풀 수밖에 없다. 예전 어른들이 모진 '시집살이'를 개울가에서 빨래 방망이 두드리며 풀었듯, 그러고나서 깨끗해진 빨래만큼 정화된 마음에 다시 힘을 얻어 빨래함지 이고 살랑살랑 집으로 돌아갔듯, 복잡하고 힘든 '세상살이'를 살랑살랑 살아가려면 화병 예방이나 해소 비법 한두 개쯤은 필수다.

내 비법은 바로 손 씻기다. 뽀득뽀득 흐르는 물에 손을 씻으며, 버릴 말은 하수구로 흘려버린다. 화도 물 따라 흘려보낸다.

궁금한 "왜요?" vs. 따지는 "왜요?"

**"왜요?"가 질문인지, 추궁인지, 따지는 것인지
그 차이는 우리 스스로가 잘 안다.**

금연 구역이다.

건물에 들어가려는데 입구에서 3명이 모여 흡연을 하고 있다. 금연 구역이라는 표지가 작지 않게 붙어 있다. 충분히 봤을 만한데 싶다. 문을 열고 들어가면 담배 연기도 따라 들어올 것이다. 뭐라고 말하면 좋을지 멈춰 잠시 생각한다.

"저기요….." 하며 '금연 구역' 표지판을 가리킬까?

"여기에서는 금연입니다"라고 당당하게 말할까?

아니면 '그냥 지나칠까?' 망설이다가 조심스럽게 말한다.

"저기요, 여기 금연구역인데요."

그런데 돌아오는 대답, "왜요?"

그나마 "뭐요?!"가 아닌 게 다행인가?

영화가 시작되었다.

앞의 대각선에 앉은 관람객은 예고편 상영 때부터 계속 휴대폰을 보고 있다. 캄캄한 어둠 속에서 휴대폰 빛이 강렬하다. 그래도 본 영화 상영은 아니니, 휴대폰을 꺼달라고 부탁하기는 그렇다. 그런데 이제 본 영화에 들어갔는데 여전히 휴대폰을 보고 있다. 용기를 내서 말한다.

"저기요, 휴대폰 좀….”

"왜요?"

"공연이 시작되어 지금은 입장하실 수 없습니다."

"왜요?"

"지하철에서는….”

"왜요?"

"저기요, 볼륨 좀….”

"왜요?"

이럴 때 '왜요?'는 솔직히 좀 당황스럽다. 궁금해서 묻는 "왜요?"와 따지는 "왜요?"가 있다는 것을 아는 어른들 사이에는 다음 할 말이 막힌다. 원래 '왜요?'는 다음 말을 끌어내는 말인데, 되묻는 '왜요?'는 오히려 말문을 막히게 한다. 예외가 있긴 하다. 아이가 묻는 '왜요?'는 다음 말을 잇게 한다.

"여기선 뛰면 안 돼."
"왜요?"
"여러 사람이 조용히 책 읽는 곳이거든."

아이는 세상을 알아가는 단계에 있어 '왜' 그런지 몰라서 묻는 것이고, 어른의 경우에는 안 된다는 것을 알면서 따르기 싫을 때 반문하는 것일 수도 있다.
"왜요?"가 질문인지, 추궁인지, 따지는 것인지, 그 차이는 우리 스스로가 잘 안다. 알면서도 뾰족하게 반사적으로 "왜요?"라고 할 때가 있다. 부탁하는 사람도 속으로 몇 번이나 연습하고 "저기요, 죄송한데요"라고 신중하게 말하는 것을 아는데도 그렇다.

이렇게 "왜요?"라는 말의 사정을 잘 아는 나도 누가 뭔가를 지적한다고 느끼면 지레 무안해서 "왜요?"가 나오기도 한다. 그러다가 흠칫 다시 생각해본다.
'나를 존중하니 부탁도 하고, 지적도 하는 거지.'
그런 생각을 하면 "저기요, ○○ 좀…."이라고 하는 말이 지적이 아니라 부탁으로 들린다. 부탁하는 말이라고 느끼는 순간 내 대답이 순하고 둥글게 나온다.
"아, 네(죄송해요)."

그래도 가끔은 "왜요?" 한다.

긍정으로 말하는 그대, 닮고 싶다

**긍정이 불러오는 행복,
부정이 불러오는 불행.**

추운 겨울이다. 올 겨울은 왜 이렇게 추운지. 해마다 이번
겨울은 유난히 춥다는 말이 나오는 그런 겨울이다. 외출을
했던 B는 연구실에 들어서며 말한다.

"아, 따뜻하다. 와, 따뜻해."

B는 손을 비비며 행복한 표정으로 "아, 따뜻해"라고 한 번
더 말한다. 그러자 A가 말한다.

"어, 지금 춥다던데? 밖이 따뜻해졌어요?"

"아니, 밖은 추워. 엄청 추워."

"그런데 조금 전에 따뜻하다고 그러셔서."

"아, 여기 연구실이 따뜻해서…. 진짜 행복한 느낌이야."

아, 그날 배웠다. 잘 말하는 게 이런 거구나. 긍정으로 말하는 게 이런 거구나. 긍정의 말이 몸을 살린다고 알고는 있었지만 제대로 실천하지 못했다. 그런데 B의 말을 들으니 '유레카'였다.

더운 여름날, 실내에 들어서면 몸이 오싹할 만큼 시원할 때도 "어휴, 더워. 더워죽겠네"라고 아무렇지도 않게 했었다. 죽을 만큼 더워 몸이 힘든데 말로 또 한 번 죽을 만큼 덥다고 강조하고, 추운 겨울날 꽁꽁 언 몸을 끌고 실내에 들어서면 온몸이 금방 녹작지근할 정도로 따뜻한데도 "어휴, 추워"라고 하며 바들바들 떨기도 했다.

심지어 몇 초 동안을 "어, 추워. 어우"라고 반복하기도 했다. 분명히 따뜻한 공간, 그것도 뜨거운 전열기 앞에서 손을 덥히면서도 그랬다.

우리 몸은 내가 하는 모든 말을 다 믿는다. 우리 몸에게 어떤 말을 하는지에 따라 신체 건강이 좌우된다. 우리가 하는 말이 몸과 마음의 건강에 결정적이다. 무심결에 "이 무릎은 결국 고장이 날 거야." "그 애가 내 심장을 찢어 놓았어"라는 식의 말을 하다보면, 결국 무릎이나 심장에 병이 생긴다는 바버라 호버먼의 명언을 메일로 받은 것도 그 즈음이다.

나는 아무 생각 없이 나를 해친 말들이 떠올라 내게 미안해졌다. 그리고 따뜻한 공간에 들어왔다고 해서 금방 몸이 따뜻해지지는 않지만, 그래도 B처럼 인정은 해야 한다는 것을 그날도 배웠다. "아, 따뜻해. 행복하다"라고 하던 B의 말과 행복해하는 표정은 보는 사람도 행복하게 했다.

그날 이후 긍정적으로 말하는 방법을 자꾸 실천하려고 하는데 솔직히 잘 안 될 때가 많다. 그래도 나는 긍정을 자꾸 느끼고 싶다. 그리고 그 느낌을 말하고 싶다.

비 오는 날 10분 늦게 헐레벌떡 강의실에 들어오는 학생에게 "10분만 빨리 왔으면 지각이 아닌데" 같은 모호한 말은 안 하리라. 10분 정도 늦었는데 지각 체크를 해야 하는 안타까움을 담은 말이었지만, "비 오는데 오느라고 수고했지"
가 나을 것 같다.

순간순간 느끼는 감정 중에서 순간 선택해 표현을 잘하려
면 연습이 엄청 필요한 법이다. 부정과 긍정의 상황에서 재
빨리 둘 중 하나를 선택하는 연습. 그 느낌을 긍정의 언어
로 만들어 말로 표현하는 연습.

덥고 습한 거리를 걷다가 에어컨을 켜 시원하고 쾌적한 공
간에 들어서며 "아, 시원해"라고 말하는 사람과 함께한다
는 건, 참 좋다.

"아, 시원해. 아, 좋다. 정말 행복해."
수많은 느낌 중에서 긍정의 느낌을 먼저 느끼고, 말로 표현
하는 게 얼마나 좋은지 알게 해준 B.
고마워.

말을 떠나보내는 사람,
말을 붙잡아두는 사람

**말에 민감한 자신이라면, 자신에 대해 먼저 말해주고
떠나보낼 말은 잘 가려서 얼른 보내자.**

"자식도 아롱이 다롱이에요." 부모들이 자주 하는 말이다.
쌍둥이도 다르다지 않은가. 기질도 다르고 성격도 다르며
말에 대한 태도도 다르다. 부모한테 둘 다 야단맞았는데 몇
분도 안 되어서 "엄마, 뭐 먹을 거 있어?"라며 헤헤거리고
다가오는 아이가 있고 "너도 같이 먹을래?"라고 말 붙이면
여전히 삐친 채로 대답도 안 하거나 반나절 넘도록 입이 뾰
로통해져 있는 아이가 있다.

이 모습이 안타까워 부모가 달래려고 "네가 잘했어도 혼나? 무슨 말을 못해"라고 했다가 겨우 풀리려던 아이의 마음이 또 움츠러들기도 한다.

이렇게 말에 대한 태도와 반응은 아이마다 다르다. 외향적인 아이, 활발한 아이, 세심한 아이, 내성적인 아이. 아이 때는 '기질'과 '성격'의 영향을 많이 받으니 더 정직하게 반응을 보인다.

어른이 되어서도 말에 대한 태도나 반응이 다르다. 같은 말이어도 같은 말이 아니다. 맘이 상하고, 속이 틀어져도 인격으로 반응을 보여 금방 드러내지 않을 뿐, 그 '무슨 말'에 곪기까지 할 수 있다. 그러면 관계는 틀어진다. 서로 영문도 모른 채 귀한 사람을 떠나보내기도 하고 떠나야 하기도 한다. 말 한마디 때문에.

"너한테 도대체 무슨 말을 못해."

그럴 정도로 말에 예민한 사람이 있다. 그런데 그 사람과 말을 안 하고 살 수 없다면 '무슨 말'에 해당하는 말을 조금만 신경 쓰면 될 것 같다. 조금만 관찰하면 그 사람이 유

독 싫어하는 말이 있다. "그렇게 예민해서는…"이라고 말할 정도라면 그 사람이 예민하게 반응하는 말을 조금만 가려서 써주면 된다.

내 경우에는 부모님이 내 앞에서 하는 지적은 어떤 것도 괜찮았는데, 엄마와 아빠 두 분이 속삭이듯 주고받는 말에는 굉장히 예민했다.

"영주, 쟤는 운동회만 앞두면 저렇게 시무룩해지네."

"그러게요. 다른 애들은 다들 좋아하는데 달리기 때문에 그런가?"

"아니, 자꾸 달려봐야 잘하지. 운동장 가서 연습하라고 그래요."

그 날 난 속상해서 부모님이 가장 무서워하는 단식투쟁을 했다. 내 앞에서는 칭찬도 잘하시던 우리 부모님이 마치 내 등 뒤에서 험담이라도 한 듯 배신감이 느껴졌다.

지금 이 글을 쓰면서도 웃음이 난다. 엄마의 말이 떠올라서다. "말을 해야 알지! 뭣 때문에 그러는 건데?" 나는 그 이유를 끝내 말할 수 없었다. 마음이 아팠다고, 싫었다고, 속상

했다고, 엄마랑 아빠가 미웠다고 말하자니 딱히 두 분의 잘못이 없었던 것이다. 잘못한 것도 없는 우리 부모님은 막내딸의 짧은 단식을 설득해야 했다. 우리 부모님이 '무슨 말'을 잘못 했다고!

말을 떠나보내는 사람이 있고 말을 붙잡아두는 사람이 있다. 나는 말을 붙잡아두는 아이가 아니라 '말을 붙잡아 매는' 아이였다. 하지만 살면서 알게 되었다. 괜한 단식으로 부모(상대)를 곤경에 빠뜨리는 건 아이 때로 충분하다는 것을 말이다. 그렇게 해봤자 우리 엄마 말씀대로 "저만 손해"다. 말을 해야 한다. 그래야 안다.

"난 문자 보냈는데 답을 안 주면 생각이 많아져."
"내가 말할 때 딴 데를 보고 반응을 안 해주면 내 말을 무시한다는 생각이 들어 속상해."
자신이 말을 붙잡아두는 성향이라면, 상대를 시험에 들게 하지 말고 자신에 대해 말해주는 게 좋다. 혼자 삐쳐 있다가 어느 날 "그때 상처 입었다"라고 하면 상대도 곤란하다. 특히 사랑하는 사람, 나와 절친한 사람에게 알려주는 건 배려고 생각한다. 나를 알려줄 수 있을 만큼 알려주어야 그 사람과 무슨 말을 해도 괜찮게 되니까.

떠나보낼 말은 잘 가려서 얼른 보내야 한다. 말을 잡고 있으면 고인 물처럼 된다. 좋을 리 없다. 여전히 말에 민감한 내 스스로에게 하는 말이다.

그러나 붙잡아둘 말은 달아나지 않게 잘 간직해야겠다. 세상에는 간직할 말도 너무나 많다. 책의 한 문장, 시 한 구절, 다정한 사람의 말 한 마디. 쓰지만 약이 되는 말.

비워야 채우듯, 나를 힘들게 하는 말을 과감히 떠나보내야 이런 좋은 말들로 채울 수 있다.

큰 따옴표에 넣은 말

자기 마음대로 한 생각이 오해를 부른다.
그냥 한번 물어보면 마음이 풀릴 텐데….

복도를 지나는데 후배가 그를 그냥 지나쳤다. 아는 체를 하려고 했는데, 후배는 서류를 들고 그를 급히 지나쳐버렸다. 그는 어제 회식을 마치고 후배가 누군가를 성토하기에 섣부른 충고를 한 게 갑자기 떠올랐다.

충고를 하면서도 말이 허공을 떠돈다는 느낌에 '그래, 누구 인생에 조언을 하니?'라는 생각이 떠올랐지만 그냥 들어만 주기에는 뭔가 공감지수도 떨어지는 것 같고, 몇 잔 마신 술로 괜히 몇 마디를 하고 싶었던 것이다. 그게 화근이었나?

늦은 밤, 집으로 돌아오는 지하철 안에서 괜히 마음이 불편했다. 문자라도 보낼까 싶었지만 몇 시간 후 출근하면 만나니까 보면 되겠지, 했다. 그리고 출근해 만난 것인데 후배가 씽, 하고 지나친 거다. 아는 체 할 겨를도 없었다.

'그래도 그렇지. 하늘같은 선배를 못 본 척해? 그 정도로 이럴 사람은 아닌데….'

이 생각과 저 생각이 엉켜 오전 내내 불편했다. 아무래도 안 되겠다 싶어 점심이나 먹자고 문자를 보냈다.

'넹^^ 좋아용~~^^'

답장이 왔다. 이건 뭐지? 인사도 안 한 게 얼마 전인데 웬 웃음표가 마구마구.

만나자마자 뛰어와서 안기듯 반가워하던 후배. 그런데 앉자마자 코 앞에 메뉴표를 대고 보는 후배의 표정이 일그러졌다. 이건 뭐가 또 못마땅한 거지? 본인이 식당도 골랐으면서.

'왜 그래, 오늘? 아침에 인사도 안 하더니?'라고 물어보려는데 "선배, 오늘 렌즈를 안 꼈어요"라고 한다. 순간 그는 데

자뷰다, 싶었다. 언젠가 들어본 이야기 아닌가.

어느 신입 사원이 안경을 안 끼고 출근했다. 지독한 근시인 그, 잘 안 보여서 직장 상사에게 인사를 못하고 지나쳤는데 직장 상사가 괘씸죄를 적용했다나 어쨌다나. 그래서 인사 성적에서 불이익을 당했다는 전설 같은 이야기.

"아, 시시해." 그는 자신도 모르게 웃음이 나왔다.

"뭐가요? 선배님?"

"난 심각했는데 이유가 너무 시시해."

그는 더 말을 안 했다. 인사를 못 받아서 몇 시간 동안 불편했었다는 말을 하자니 자신이 생각해도 시시해보여서. 그러면 점심식사 같이 하자고 한 것도 빛이 바랄까봐. 사실 너를 그만큼 좋아한다는 이야기를 해야 불편했던 마음도 전해지는데, 그런 맘을 유장하게 전하기에는 점심시간이 너무 짧아서.

살다 보면 알기 전에는 비참하고 비장했다가 알고 보면 시시한 일을 꽤 겪는다.

'그래서 그런가?' 추측했을 때는 무거웠던 것이 알고 보니 아무런 일도 아닌 것들.

'혹시?'라며 남의 속을 궁금해하느니 "왜 그러냐?"라고 묻는 게 훨씬 속 편한데도 습관적으로 혼자 생각하느라 에너지를 소비하며 자신을 괴롭히고 아주 소중한 사람도 놓친 경험. 마음도 말도 잘 벼린 칼처럼 섬세하니 배려하고 조심하는 건 좋지만 정작 자신은 더 힘들었던 경험.

세심하고 민감하면 더 그럴 수 있다. 상대는 이미 상황들을 바다로 흘려 보냈는데 자신은 상황 하나하나를 호수에 가두고 계속 돌을 던져 파문을 일으키느라 힘들다.

그는 식사하는 동안 후배의 말간 얼굴을 보며 작은따옴표 안에 넣으면 좋을 말이 있고, 큰 따옴표 안에 넣을 말이 있다는 걸 새삼 깨달았다.

"선배님, 제가 낼게요. 그렇잖아도 점심 한번 대접하고 싶었어요."

후배의 어깨를 가볍게 안으면서 그가 큰따옴표를 사용했다.

"내가 살 거야. 고마워서."

저절로 작은따옴표가 따라 나왔다.

'미안해. 맘대로 오해하고 의심해서.'

아, 미안하다는 말도 큰 따옴표에 넣어야 했나?

그는 또 웃었다.

좋은 I-message, 좋은 You-message

**남 탓을 하고 싶을 때는 "내 생각에",
고마운 마음을 전할 때는 "네 덕분에".**

부모-자녀 대화의 기법에 I-message가 있다.

"엄마 생각에는…" "아빠가 보기에는…"

이 말의 효력은 상대방을 탓하는 게 아니라 문제에 대한 내

마음과 생각을 전한다는 데 있다.

아이가 공부보다는 노는 것에 더 치중을 한다. 숙제를 해

야 하는데 자꾸만 "이따가 할게." "조금만 더 놀고 할게"라

고 한다. 엄마는 화가 치민다. 이러다가 며칠 전처럼 밤중이 되어서야 숙제 안 했다고 울상을 지을 것 같다. 그런데 오늘도 또 먼저 놀고, 숙제는 이따가 한다고 하니 좋은 말이 안 나온다. 좋은 말은커녕 부정적인 마음을 담은 'You-message'가 나온다.

"너 때문에 못살아."

"도대체 네가(You) 스스로 숙제하는 걸 못 봤어. 너 왜 그러는 건데?(message) 너 때문에(You) 엄마가 정말 못 살겠다(message)."

엄마의 말에는 질책과 포기와 엄마에 대한 자책감까지 들어 있다. 하지만 정작 전하려는 메시지는 약하다. 숙제를 미루는 아이에게 하고 싶은 말은 숙제하라는 말이고, "네가 숙제를 먼저 하고 놀면 좋겠다"라는 엄마의 마음을 전하고 싶은 것인데.

이런 마음을 전할 때는 I-message가 좋다. 상대에 대한 요청이 클 때 You-message를 하면 상대를 탓하거나 질책하는 방향이 되기 때문이다.

"엄마는 네가 숙제를 먼저 하고, 그런 다음에 놀았으면 좋겠어."

이렇게 엄마 마음을 아이에게 전하는 것이다. I-message의 장점은 상대에 대한 비난을 뺀 것뿐 아니라 자신의 정확한 의사 표현을 했다는 점이다.

"4시 30분까지 숙제를 마치자. 그때 확인할게."

그리고 아이가 숙제를 했는지 4시 30분에 확인하면 된다. 너 때문에 이런 잘못된 문제가 일어났고, 잘못의 모든 원인은 네게 있다는 말 대신 하면 좋은 말이 "아빠는 네가 성적이 원하는 만큼 안 나올 때 실망할까봐 걱정이 된다"다. 이게 I-message다.

I-message의 긍정적인 면을 부각시키니 마치 You-message가 나쁜 것 같다. 하지만 '너 때문에' 대신에 '내 생각에는' 이라는 말을 써야 할 때가 있고, '네 덕분에'라는 말이 필요할 때가 있다.

그리고 더 많이 연습해야 자연스럽게 나오는 말이 바로 You-message다. 대표적인 말이 '덕분에'다.

덕분에라는 말은 상대방에 대한 고마움과 존중 없이는 나올 수 없는 말이다.

오늘도 나는 '너와 나를 연결하는 You-message'의 힘을 믿으며 말한다.

홈페이지와 블로그를 잘 관리해주는 연구원에게,

"A 선생님 덕분에…."

점심식사 후의 졸음을 쫓아가며 강의에 집중해준 나의 제자들에게,

"여러분 덕분에, 선생님의 오후도 보람 있었어."

시간을 내어 함께 식사한 가족에게,

"우리 가족과 함께 밥 먹으니 정말 좋아. (덕분에) 행복해."

이렇게 쓰고 보니 '덕분에'라는 말을 일상에서 사용하기에는 문어체처럼 어색하기도 하다. 잘 안 써서 그런가보다. 좋은 말은 자꾸 꺼내 써야 입에 착착 감겨 구어체가 된다. 짚어보면 상대방에 대한 고마운 마음을 표현하는 You-message는 '~덕분에 내가 좋았다'는 것으로 돌아오니 결국 나를 위하는 말이기도 하다.

남 탓을 하려는 말이 나올 땐, 얼른 "내 생각에는"이라는 I-message로, 고마움을 표현할 땐 망설이지 말고 "네 덕분에"라는 You-message로 표현하는 순발력 갖추기. 말의 품격이야말로 순발력이 좌우하는 것도 같다.

사랑은 느린 편에 선다

**사랑은 조심스레 이끌면서도
느린 상대에게 맞추는 거다.**

영동대교 남단의 한 거리, 초여름의 햇볕이 따가운 날이다.
노부부가 앞에 걸어가고 있다. 할머니는 양산을 할아버지
머리 위로 받쳐준다. 할아버지는 양산을 자꾸 피한다.
할아버지는 "됐어, 웬 양산. 당신이나 써. 남자가 무슨 양산"
이라고 그러시는 걸까? 할머니는 "같이 써요. 땀나잖아요"
라고 하시는 걸까? 두 분의 말소리는 들리지 않는다.

그 때 문득 지인에게 받은 문자가 떠올랐다.

할머니와 할아버지가 노인 퀴즈대회에 나가려고 연습을 하고 있었다. 정답은 '주차 금지'.

할아버지가 할머니께 "'여기에 차를 대지 마라'를 네 글자로 하면?" 그러자 할머니가 자신 있게 대답했다.

"대지 마라."

할아버지가 안타깝다는 듯 손사래를 치며 큰소리로 말했다. "아니 아니, 그거 말고 다른 네 글자로?" 할머니는 진짜 알겠다는 듯 큰소리로 대답했다. "딴 데 대라."

할아버지가 씽 일어나며 말했다.

"됐어!"

혹시 이런 분위기일까? 웃으며 조금 빠르게 총총 그분들의 뒤를 따라갔다. 마침 차량 왕래가 뜸해서인지 두 분의 말소리가 잘 들렸다.

"당신 오늘 모자 안 써서 머리 뜨겁잖아요."

그러고 보니 할아버지는 막 수술한 분처럼 머리카락을 민 상태였다. 정말 그런지도 몰랐다. 두 분의 걸음이 느렸다. 아주 천천히였다. 할아버지가 말했다.

"아, 그래요. 같이 씁시다. 양산이래야 손바닥만 해서, 원. 당신 쓰기도 작아서 그렇지."

"내가 당신 모자를 챙겼어야 하는데."

"아니지. 내 실수지."

할아버지가 할머니로부터 양산을 가져오더니 할머니 쪽으로 가까이 댔다. 할머니의 손에 양산이 들려 있는 한 양산의 그늘이 계속 당신 차지가 될 것이기 때문인 것처럼.

두 분의 발걸음이 느렸다. 할아버지의 느린 걸음은 할머니의 걸음에 맞춘 듯했다. 할머니는 한쪽 발이 조금 불편한 듯했다. 모를 일이다. 할아버지는 수술을 하고, 할머니는 다리가 불편한 부부인지도. 두 분 모두 누군가의 보호와 배려가 필요한지도. 두 분은 서로 보호하고 서로 배려하고 있었으니 서로에게 보호자가 분명했다. 보호받고 보호하니 완벽한 조화다.

'보조'라는 말이 떠올랐다. 2가지 단어 뜻이 경이롭다. '보태어 돕는다'는 것이 보조補助이고, 걸음걸이의 속도나 모양에 관한 것, 진행 속도와의 조화 또한 보조步調란다.

나는 몇 번이나 사전적 의미의 보조를 되뇌이다 이렇게 혼잣말을 했다.

"'보조'는 사랑이네."

보조할 때는 약자에게 맞춘다. 그래서 세지 않다. 빠르지도 않다. 아이 손을 잡은 아빠 걸음, 환자 곁을 함께하는 보호자의 걸음이 보여준다. "빨리 따라와, 뭐해?"라고 재촉하지 않는다. 뒷사람은 그 나름으로 빠르게 따라오는 것을 알기 때문이다.

사랑은 그 뒷사람의 마음을 알아주는 거니 뒷사람이 알아채지 않게, 미안하지 않게 속도를 조금 늦추면서 보조를 맞추는 것이다. 사랑은 조심스레 이끌면서도 느린 상대에게 맞추는 거다.

초여름의 햇볕처럼 뜨거운 것이 목울대를 울컥하게 했다. 나는 두 분을 보고 싶어 걸음을 빨리 했다. 그리고 뒤돌아보았다. 마침 할머니가 할아버지의 양산 든 손을 함께 잡으려는 찰나였다. 두 분은 완벽한 조화를 이루기 위해 몇 년을 함께 보조 맞춘 걸까?

눈이 부셨던 것은 햇빛 때문이었을까? 너무 아름다워서였을까? 나는 그제서야 내 걸음대로 걸었다. 두 분의 사랑이 느리게, 천천히 오래 갈 거라 믿으면서.

사랑은 느린 편에 서니까.

이쁘게 말하는 당신, 닮고 싶다

수다가 대수다

**수다는 대화보다 힘이 세다.
수다는 친밀감을 부르는 힘이다.**

"대화요? 대놓고 화내는 거 아닌가요?"

나는 어느 중학생에게 들은 이 말을 강연이나 칼럼에 종종 인용한다. 특히 청소년 자녀를 둔 부모를 대상으로 하는 〈자녀와의 대화법〉 강연에서 참석한 부모님들한테 들려주기에 아주 안성맞춤이다.

어느 날 고등학교에 강연을 갔다. 강연 제목은 〈청소년 자녀와의 행복한 대화법〉이었다.

오프닝 멘트는 부모님들께 질문하는 것으로 시작했다.

"자녀들과 행복한 대화하고 싶으시죠?"

"네."

기대에 찬 대답이 들려왔다.

"어떻게 하면 우리 아이들과 행복하게 대화를 할 수 있을까요?"

선뜻 대답하기엔 무리한 질문에 순간 침묵. 대답을 원한 질문도 아니고 난센스에 가까운 것이라서 나는 얼른 답을 내놓았다.

"자녀들에게 말 안 거는 거예요."

청중이 크게 웃었다.

하지만 청소년 자녀와도 행복한 대화가 가능하다. 아이가 말 걸어올 때 진심으로 들어주는 것이다. 자녀의 말을 끊지 말고, 말머리 돌리지 말고 이야기를 들어주는 것. 긴 이야기든 짧은 이야기든 아이가 말하고 싶을 때, 그 때가 부모와 자녀가 대화할 적기다. 그런데 더 적기가 있다. 바로 평소다. 평소에 별 말 아닌 말을 주고받는 것이다.

그걸 나는 '수다'라 부른다. 수다를 떨어야 한다고도 표현한다. 수다라는 말이 진지하지 못하다는, 괜한 말로 시간 죽이는 것처럼 의미 없는 말로 해석되던 때도 있었다. '구글'의 아이디어는 티타임이나 수다 시간에 나온다는 이야기를 들은 적 있다. 차를 마시며 격의 없이 이런저런 이야기를 나누다 보면 기가 막힌 아이디어가 나온단다.

창의력을 펼치려면 상상력이라는 날개가 필요하다. 상상력은 유연함이 전제가 된다. 딱딱한 테이블을 놓고 정식으로 나누는 대화는 사고의 유연함을 펼치기에는 격식이 앞선다. 아이디어를 모으는 브레인스토밍brainstorming은 상대 말의 옳고 그름을 재단하며 끊지 않는 것이 기본이다. 어떤 말도 가치가 있다는 마음과 상대에 대한 존중이 바탕인 것이다. 유대인의 지혜는 하브루타 시간에 공유된다. 짝을 이루어 서로 질문을 주고받으면서 공부한 것에 대해 논쟁하는 이 시간은 시끌벅적하다. 자신의 말을 쏟아내느라 왁자지껄한 것이 마치 목소리 큰 수다를 듣는 듯하다.

수다의 사전적 의미를 보니 '쓸데없이 말수가 많음'이란다. 머잖아 '수다'의 사전적 정의가 달라지지 않을까? 쓸데 있는 말, 쓸데없는 말의 기준이 달라졌다. 시대에 따라 달라지는 가치가 있다. 말수가 그렇다. 부모와 자녀의 대화도 일방향 소통에서 양방향으로 바뀐 지금, 말수는 부모-자녀관계를 좌우한다.

엄부자모嚴父慈母 의 시대를 지나 대부분의 아빠들은 친구 같은 아빠를 뜻하는 '프렌디friendly'를 이상형으로 꼽는다. 프렌디는 마치 친구처럼 아이와 평소에 많은 말을 나눈다. 말을 나눈다는 건 마음을 나누는 것이라는 사실을 이 시대 부모는 알고 있는 것이다.

모처럼 제안하는 "대화 좀 하자"라는 말은 무겁다. 무거운 자리는 피하고 싶다. 피하고 싶은 자리에서 속마음을 보이기는 어렵다. 평소에 조금은 시시껄렁한 이야기를 나눠야 가볍게 나풀거리며 서로에게 닿는다. 그래야 이야기 소재도 많아져서 할 말이 더 많아진다. 그러고 보니 수다의 사전적 의미인 '말수가 많음'이 이해된다. '쓸데없이'라는 말을 뺀다면 말이다.

수다가 통하는 시대다.

평소에 나누는 이야기가 많으면 굳이 '대놓고 화낼 것'이 뻔한 "대화 좀 하자"라는 말은 필요 없을 것 같다.

수다의 힘은 대화보다 세다.

역시 수다가 대수다.

오래된 사이를 오래 가게 하는 맞장구의 힘

**맞장구를 친다는 건 호흡이 맞는다는 것,
조화롭게 오래갈 수 있게 하는 것.**

친구가 천마산 자락으로 이사를 갔다.

원고를 쓰러 강원도에 가 있던 날, 친구에게 전화가 왔다.

봄비가 내리는 날이었다. 연못에 개구리가 헤엄치는 모습

을 물끄러미 보고 있던 중이었다. 산자락으로 안개가 피어

오르는 것을 보며 통화를 했다.

친구가 마침 테라스에서 천마산 자락의 안개를 보다가 내

생각이 났다며, 그 풍경을 전해주고 싶어 전화를 했노라고

했다. 나는 강원도 설악산 자락의 안개를, 친구는 천마산 자락의 안개를 서로 전해주었다.

"난 너랑 전화하는 게 참 좋아. 넌 내가 뭘 말하는지 다 아는 것 같아. 말하려고 하는 것도 다 아는 거 같아. 잊었던 말도 생각나게 해"
말 주변이 좋은 친구는 나를 안개처럼 기분 좋게 피어오르게 했다.
그 말주변 덕분일까? 친구는 말수 적은 남편을 최고의 말재간꾼으로 만들었다.

"지금 뭐해?"
"테라스에 텃밭 가꾸고 있어."

친구는 이사 후 두어 달 동안 만든 테라스와 그곳에 가꾼 정원, 미니 홈바뿐만 아니라 고추며 방울토마토, 상추, 그리고 갖가지 심은 채소를 사진으로 찍어 보내주었다.

친구는 남편과 저녁 식사 후 테라스에서 차를 마시며 어떤 때는 포도주를, 어떤 때는 파전에 막걸리를 마시면서 끝도 없는 이야기를 나눈단다. 나눌 이야기가 그리 많으냐고 물으니 남편과 말이 된단다. 친구 남편은 "좋다. 아, 좋다"라며 친구를 신나게 한단다. 좋은 것도 혼자 보면 아쉽다. 같이 공감하고, 맞장구를 쳐주는 사람이 있어야 더 신나고 재미있는 법이다. 백지장도 맞들면 낫고, 말도 맞장구를 쳐줘야 제대로 할 맛이 난다.

친구 부부는 세상 둘도 없는 그야말로 베프best friend다.

나는 안다. 친구의 맞장구치는 힘에 친구 남편이 지금처럼 말수가 많은 사람이 되었다는 것을. 친구 남편의 맞장구도 아내인 친구에게 배웠다는 것을.

그 중에서 백미는 역시 감탄사 맞장구인 "우와"다. 친구의 남편은 친구에게 배운 것을 적재적소에 넣어 이렇게 호응한단다.

"우와, 이 음식 진짜 맛있다."

"세상에, 정말?"

"우와, 좋았겠다."

이 말이 별 말 아닌 게 아니란 것은 결혼하고 수년 살아 본 부부라면 안다.

심드렁하기 쉽고, 나른해지기 쉬운 사이가 바로 오래된 사이다.

"자기야, 내가 오늘 뭐 심었는지 봐봐. 좋지?"

"우와, 예쁘다. 오늘 이거 심은 거야? 진짜 예쁘다. 자기 힘들었겠다."

파울로 코엘료의 『마법의 순간』에 이런 말이 나온다.

'인생은 짧습니다. 그러니 가슴 안에만 담고 있는 말이 있다면 이번이 마지막 기회라 생각하고 오늘 한 번 해보세요.'

그래. 가슴에 담고 있는 말을 하는 것 자체가 마법의 순간을 만드는 게 분명하다. 나는 짧은 인생에 꼭 해야 할 말 목록에 '맞장구'를 넣고 싶다. 맞장구를 친다는 건 서로 호흡이 맞는다는 것이고, 죽이 착착 맞는다는 것이니 얼마나 조화로운 관계인가.

봄비는 지금도 내리고 있다. 난 이 원고를 친구에게 맨 처음 보여주려고 한다. 친구는 아마 이렇게 맞장구를 칠 터다.

"좋다. 아, 좋다. 내 이야기지만 네가 쓰니 더 좋다. 진짜 이

거, 내 이야기야?"

친구는 맞장구의 화룡점정을 이렇게 찍을지도 모른다.

"영주야, 네가 글로 쓰니까 내 삶이 왜 이렇게 멋지니?"

상대가 듣고 싶은 이야기도 곁들여 맞장구를 쳐주는 친구
는 남편도 베프로 만들고, 남편보다 햇수 더 오래된 친구도
베프로 머물게 한다.

물음표를 잘 쓰는 사람

묻지 않는다면 도대체 어떻게 내가 너에게,
네가 나에게 닿을 수 있단 말인가.

"전에도 말했잖아?"

또 시작이다. 그는 확인용 물음표, 질책처럼 다가오는 물음
표에 주춤거려진다. 속으로 생각한다. '그냥 용건만 말하면
좋겠는데….'

"그래서?"

다음 말을 하라는 건지 말라는 건지 애매하다. 표정으로 봐

서는 그래서 뭐가 문제냐고 하는 느낌이니 대답하지 말고 가만 있어야 불똥이 안 튈 것 같다. 어떤 때는 대들지 말라는 것 같기도 한 뉘앙스로 입을 다물게 한다.

물음표를 사용했을 때는 입을 열게 해야 하는데 말이다.

"그래서?"

'너의 다음 말이 궁금해'라는 표정까지 지으며 나를 바라본다. 이 '그래서?'는 참 좋다. 경청을 한 사람이 할 수 있는 질문, 말할 맛이 나게 하는 물음이다.

같은 말인 '그래서'인데, 이 물음표의 사용이 사람 사이를 단절시키기도 하고 마음을 주고받게도 한다.

물음표를 잘 쓰는 사람이 있다. 물음표가 품격 있는 말(부호)이란 것을 잘 아는 사람이다. 그러니 물음표의 본래 목적을 잘 사용해서 목표에 도달한다. 물음표는 사람 사이를 이어주려고 태어난 것을 잘 아는 사람이기도 하다.

"네 맘을 알고 싶어."

"내 의견에 너는 어떤 생각을 하는지 궁금해."

"네 표정이 왜 그런지, 혹시 불편한 건 아닌지."

나는 물음표를 말할 때 '내가 너에게 이르는 길'이라는 비유를 한다. 그래서 말투 선택이 중요하다. 잘못 사용하면 관계의 절벽에도 이르게 하는 게 물음표니까.

"뭐?" 이러면 민망해진다.

"왜?" 대답하기 망설여진다.

"응?" 내 말을 들었다는 말인가?

같은 낱말에도 물음표가 잘 쓰이면 "네가 궁금해. 너에 대해 알려줘. 너의 다음 말이 궁금해"라는 말이 되고, 네게 집중하는 나의 마음이 전해진다. 겨우 부호 하나인데 '?'가 이렇게 엄청난 괴력을 갖는다.

나 또한 물음표를 가볍게 여기고 사용하다가 깜짝 놀라기도 한다. 추궁할 때, 무시할 때 물음표를 무심하게 잘못 사용하다가 그 물음표가 내게 부메랑이 되어 올지도 모른다는 생각이 들 때도 있다.

물음표는 속마음을 가장 적나라하게 드러내주는 부호다. 물음표를 진짜 잘 사용해야 하는 이유는, 물음표는 반드시 어투와 표정을 함께 데리고 다니기 때문이다.

"어, 뭐, 응, 왜, 근데, 그래서, 이유는"

"어?, 뭐?, 응?, 왜?, 근데?, 그래서?, 이유는?"

'이 말들에 어떤 마음을 담느냐'는 어투가 좌우하고, 그에

따라 표정도 각양각색이다.

오늘 문득 물음표에게 진지하게 묻는다.

"어떻게 쓰이고 싶어?"

물음표가 반가운 듯 대답한다.

"원래대로만 써줘."

나는 정말이지 물음표의 이 대답을 존중해야 한다고 생각

한다. 물음표로 묻지 않는다면 도대체 어떻게 내가 너에게,

네가 나에게 닿을 수 있단 말인가. 묻지 않고 궁금해하지 않

는다면 우리가 도무지 무엇을 할 수 있단 말인가.

부정적 확신이 위험한 이유

**부정적 신념이 확고해서 부정적 이야기를 자주 하면,
우리의 뇌는 그대로 받아들여 우리 인생도 부정적으로 된다.**

"이러니 내가 되겠어?"

어느 날 C가 식사 자리에서 한 말이다. 모두 다 맛있게 먹고 "역시 기다린 보람이 있어." "이 집은 한 번도 실망시킨 적이 없다니까"라며 후식으로 나온 과일을 맛있게 먹던 중이었다. C도 과일을 먹으면서 말했다.

"아, 맛있다. 이렇게 먹는 게 좋으니 뭐가 되겠어? 이번에도 분명 실패야."

'맛있다, 좋다'라는 말을 하는데도 C는 찡그리며 말했다. 이번에 다이어트를 시작했단다. 2주일째에 접어드는데 진전이 없다며, 또 실패할 거라고 확신에 차서 말한다.

우리가 아무리 "뺄 살이 어딨어? 어디 가서 그런 말 절대 하지 마. 욕먹어"라고 해도 C의 신념은 확고하다.
"자기들이 뭘 알아? 하긴 숨겨진 살을 알 리 있나."
그런데 C의 문제는 '뺄 살'이 아니라 그런 말을 할 때 잔뜩 찡그리거나 일그러진 표정으로 생기는 '불만족스런 표정'인 것 같다.

링컨의 말을 빌면 40세 이후의 얼굴은 본인의 책임이고, 본인이 만든 거라는데, 몇 년 동안 확신에 찬 부정적인 말로 저 예쁜 얼굴을 스스로 변화시킬 것을 생각하면 안타깝다. 이 말을 해주면 또 다른 확신에 찬 생각을 보여줄지 모르니 준비를 잘 해서 말해야 한다. 부정적인 사람은 회의적이라 우유부단할 것 같지만 그렇지 않다. 생각도 많고, 부정적인 생각도 많다.

자기 생각에 집중하는 편인 나 또한 '생각이 많은 사람'은 부정적인 생각도 자주 한다는 말에 동의한다. 실패에 대한 예방 주사라고 착각도 한다. '안 될 거야'라고 생각했는데 성공했다면 더 좋고, 안 됐더라도 큰 실망을 하지 않기 위한 것이다.

"거 봐, 안 된다고 했잖아(그러니까 실망하지 마)."

이런 장치였던 것 같다. 그러니 점점 어떤 충고도 통하지 않는 고집만 늘고, 누군가 내 부정적인 생각에 객관적인 이야기를 해도 "안 해 본 거 없이 다 해 봤지. 안 되더라고"라며 상대방의 충고를 뛰어넘을 자료를 충분히 확보하려고 애썼던 것도 같다.

어느 날, 세미나 대기실의 다른 팀 사람들이 나누던 말이 나를 충격에 빠뜨렸다. 나 들으라고 한 소리는 아니었는데 내 속을 한 바퀴 돌고 나온 듯이 정곡을 찌르는 말들이었다.

"부정적인 사람은 자신이 부정적으로 생각하는 부분에 엄청 확신해요. 상대방이 그렇지 않다고 이야기하면 값싼 동정이나 섣부른 위로라 생각하는지 자신의 부정적인 생각을 더 확고하게 확신하며 확실한 근거까지 동원하는 재주도 뛰어나서 도무지 치고 들어갈 틈도 없어요."

이런 말도 이어졌다.

"부정적 신념이 확고해서 부정적 이야기를 자주하면 뇌는 곧이곧대로 받아들이고 뇌도 확고해지죠."

이 말, 내가 자주 했던 말들이 아닌가. 정작 나는 뇌와 언어와의 상관관계에 대해 열강하면서도 정작 내 안의 신념에 함몰되어 무의식에 자조적인 표현을 아무렇지 않게 했던 것이다. '신념'이라고 하니까 대단히 투사적인 이데아인 것 같지만, '나는 안 될 거야'라는 확실하고도 부정적 신념이 응축되어 나온 "이러니 뭐가 되겠어." "그럴 줄 알았어." 등의 자조적인 말들이다.

합리화한 말을 자기(뇌)에게 들려주면 좋은데, 남의 흠도 깊이 들추지 않는 게 예의인데, 자신의 흠을 굳이 파헤쳐 못난 이로 몰아붙일 이유가 뭐 있나.

"그럴 줄 알았어. 먹는 것 앞에서 결심이 무슨 소용이야. 이러니 안 되지. 될 리가 있나"라는 말보다 "조금만 덜 먹을 걸. 그래도 이만하면 잘 한 거지. 식사 전에는 2인분도 부족할 것 같았는데 정량을 먹었잖아"라는 말이 낫겠다.

"안 될 거야"라는 신념이 똬리를 틀고 있으면 하는 말도 부정적으로 되어 고통스럽다. 잘하고 있다고, 잘할 수 있다고 믿는 마음을 자신에게 각인시키는 말.

"이만하면 잘하고 있는 거야. 잘할 거야. 잘될 거야."

이런 확신이라면 괜찮은 것 같다.

방어하는 말

상대의 말에 방어적으로 대답했다면….
대답의 작은 차이가 대답을 품격있게 만든다.

주문한 음료를 기다리고 있었다. 손님 한 명이 조심스레 오더니 직원에게 물었다.

"혹시 환기가 되고 있나요?"

직원이 대답했다.

"환기하는데요. 왜요?"

손님이 말했다.

"커피향인지… 공기가 좀 탁해서요."

손님은 마스크를 쓰고 있었다. 목소리가 약간 잠긴 듯했다.
대답한 직원 옆의 다른 직원이 거들 듯이 말했다.

"저희 환기 잘 해요. 문제 없는데요."

"문제가 있다는 게 아니라, 환기하느냐고 물어본 거예요."

손님의 목소리에 약간의 불쾌감이 묻어났다. 처음 응대했
던 직원이 얼른 말했다.

"아, 죄송합니다. 환기 안 하느냐고 물어 보셔서…."

"네, 물어본 거 맞아요. 근데 엄청 방어적으로 대답하네요.
민망하게요."

가끔 이야깃거리의 주인공이 되는 진상 손님은 아니었다.
그 손님은 진짜로 '민망해' 하고 있었다. 내가 자주 가는 카
페라 내 경험으로 말하면, 직원들도 손님을 민망하게 만들
사람들은 아니었다. 평소 친절하다고 생각됐던 직원인데
그날은 손님의 질문에 복잡하게 대답한다는 생각이 들었
다. 마치 항의라도 받은 듯 방어적인 태도를 보이며 말끝에
'뭐가 문제죠?'가 묻어 있었다. 손님은 그것을 감지하고 '방
어적으로 대답'했다고 표현한 것이다.

만약 손님이 "여기 환기가 안 되는 거 같아요. 문제가 있네

요"라고 했어도 "환기는 하고 있는데, 다시 확인할게요"라
고 했다면 어땠을까.

나는 좀전의 사례를 CS 강연이나 대화법 강연의 예로 사용
하면 좋겠다고 생각하며 메모하기 위해 얼른 자리에 앉았
다. 커피 한 모금 마시고 몇 줄 쓰다가 가만 생각해보니 남
이야기가 아니었다.

상대방의 말이 허공을 거쳐 내 귀에 들어와 이성뇌인 대뇌
피질 '전두엽'에 가둬 해독하고 이해의 과정을 거쳐 대답
을 생각하고 그 다음에 대답한다는 것은 말처럼 쉽진 않다.
이미 모국어 사용이 숨 쉬는 것만큼 익숙한데, 이런 절차를
생각하고 말하는 것은 불가능할지도 모른다. 숨을 쉴 때 '
들이쉬고…, 내쉬고'를 의식하지 않듯 말이다.
종종 말이 쉽게 나와 문제일 때가 있다. 그것도 상대에게 오
해의 소지를 주는 '방어적인 말'의 경우에는 거의 본능적으
로 빨리 나온다. 티끌 하나도 허용치 않는 본능적인 눈 깜
박거림만큼이나 찰라적으로 나올 때도 있다.

특히 누군가 문제점을 지적할 때나 지적한다고 느낄 때 방어적으로 되어 과민반응하기가 쉽다. 상대는 그저 단순히 궁금해서 물은 것일 수도 있고, 다음 이야기를 위해 꺼낸 것일 수도 있으므로 그럴 때는 그 질문에 대해 팩트로 답하는 게 좋을 것 같다.

"여기 환기하나요?"

"네, 환기하고 있어요."

"그런데 공기가 탁하네요."

"아, 네. 그럼 한 번 더 확인할게요."

혹시 이후에 다른 문제가 있거나 질문의 핵심이 다른 데 있다면, 파악해서 그에 맞는 대답을 하면 될 것이다. 만약에 잠시 생각할 질문이라면 "음" 하는 1~2초의 시간만 가지는 것도 좋겠다. 한창 말을 배우고, 어휘 확장을 해나가는 아이에게 뭔가를 물어보면 "음" 하며 대답을 생각하듯 말이다. '작은 차이가 명품을 만든다'는 카피가 있다. 상대의 말에 대답하는 '차이'를 생각해본다. 대답의 작은 차이가 대답을 품격있게 만든다는 생각을 하면서.

카페의 직원 2명은 서로 미안하다고 했고, 손님도 말을 오해해서 미안하다고 했다. 방어적인 말로 실수도 하지만 그 실수를 수습하는 좋은 사람들을 보면서 많이 배운, 그런 날이다.

좀 마셔볼래요?

**내가 가진 편견을 들어내면
따스함이 그 자리에 들어선다.**

물병을 입술에 붙여서 마시는 것이 습관이라 입술을 대지 않고 음료를 시원스레 마시는 광고를 보면 덩달아 시원해지는 대리만족을 느낀다.

나도 입술을 대지 않고 마시고 싶어서 흉내를 내다 보면 물이 목에 걸려 사레가 들리곤 한다. 그래도 모방 연습 효과가 있는지 어느 정도는 물병에 입을 살짝 댈 듯 말 듯 마실 수 있지만, 마시던 물병을 누군가에게 "좀 마셔볼래요?"라며 건네는 사람들을 보면 얼마나 친하면 그럴까, 그 사이가 부럽기도 하다.

내가 마시던 음료든 물이든 누군가에게 권해본 적이 없다. 심지어 빨대로 마시던 음료도, 상대가 맛보고 싶어하는 눈치를 보여도, 모른 체하기도 한다.

어느 날 친구가 자신이 마시던 레모네이드가 정말 맛있다며 한 모금 마셔보라고 권했는데 거절했다. 그 일화는 친구들 사이에 유명 에피소드가 되었다.

그때 나의 한 마디가 이랬단다.

"어머, 그걸 왜 마셔?"

친구의 표현에 의하면 세상에, 무슨 사약이라도 받은 사람의 표정이었단다. 솔직히 나는 그 때의 그 상황이 확실히 기억이 안 나지만 친구의 기억이 맞다는 데 동의한다. 말은 말을 한 사람보다 들은 사람이 더 정확할 때가 있다. 더구나 나는 말을 하며 표정까지 지었을 거고, 상대는 듣고 본 효과가 있을 테니 각인 효과까지 있었을 거다.

다행히 이 에피소드는 내 앞에서 공론화되어 기분이 나쁘기보다 내게 생각할 기회도 주었다.

"우리, 숟가락 넘나들며 지금도 먹었거든. 아주 맛있게 먹었잖아."

찌개를 맛있게 먹고 나서 "아, 맛있게 잘 먹었다"라고 하던 내게 친구 S가 하는 말이었다. 더 진행된 이야기를 요약해 정리하면 '입속까지 드나든 숟가락의 교류는 괜찮고, 입술을 스친 물병은 안 되고? 왜?'였다.

친구는 의학적인 위생과 청결 문제를 이야기한 게 아니었다. 사람과 사람 사이의 정서적 교류에 관한 것이었다.

나는 말했다.

"그렇네."

모르고 하는 실수, 알면서 못 고치는 습관, 몰라서 반복하는 행동들이 얼마나 많은가. 그날 위생에 대한 나의 편견 몇 가지를 알게 되었다. 부언하지만 기분 나쁘지 않았음을 다시 강조한다. 이런 반성은 내 인생에 진짜 필요한 것이라고 친구들 앞에서 시인했으니까.

얼마 후 중간고사 시험감독을 하고 있었다. 학생 한 명이 기침을 계속 했다. 휴대폰은 물론 큰 필통도 소지하지 않는 엄격한 시험 분위기여서 음료나 물병도 없던 터라 학생은 기침에 속수무책이었다.

시험감독을 하던 내겐 종이컵이 있었고, 그 안에는 마시던 물이 있었다. 입술 덜 대며 마시기 연습 효과가 꽤 있던 때다. 조용히 제자에게 다가가 책상 위에 컵을 올려놓았다. 쳐다보는 제자에게 끄덕거림으로 대답했다. 그날 오후, 제자는 긴 문자를 보내왔다. 읽으면서 행복했다. 선생이란 직업이 근사하다는 생각도 들었다. 마시던 물을 건넨 것뿐이었는데.

예전의 나였다면, 기침하는 제자가 안타까워도 내가 마시던 물을 권하진 않았을 것이다. 친구들이 공론화시킨 나의 어쭙잖은 위생관, 깔끔함의 편견에 대한 조언 덕분에 '이 물 마셔볼래?'라는 마음으로 건넸고, 제자에겐 고맙고 따뜻한 선생이 되었다.

이젠 또 다른 문제가 생겼다. 누군가에게 자꾸 권한다. 김

밥 같이 먹자고 권하고, 이거 좀 드셔보라고 권하고…. 그 누군가는 그게 불편할 수도 있는데 말이다. 나의 이 고백에 친구가 격려한다.

"아주 좋은 고민이야. 용기 내. 고고."

그래, Go!

다가가기를 멈출 생각은 없다. 수위조절은 필요하겠지만.

이왕이면, 하필이면

이왕이면 어루만지는 말을 골라서 쓰고 싶다.
하필이면 그런 말을 골라서 하는 독설가는 별로다.

아는 문인이 보내준 사진이라며 누군가 사진을 보여줬다.
사진에는 우리가 평소 우러르던 두 분의 작가가 웃고 있었
다. 오랜 우정, 일가를 이룬 대가들의 노년은 역시 기품이
다르다는 이야기를 나누며 부러움과 경외로움을 주고 받
던 중이었다.

"한 분은 종가의 고택 같고, 한 분은 신축 한옥 같으시네."

이 말에 우리는 다시 두 분의 얼굴을 찬찬히 보기 시작했다.

"어디, 어디?"

평소에 시니컬한 면모를 보이던 P의 말에 우리의 화제는 성형, 피부 관리 등으로 급격히 전환되었다. 필러, 보톡스, 쁘띠 성형, 시술, 수술에 이르기까지 피부과와 성형외과에서 사용되는 용어들이 술술 나왔음은 물론이다.

비평을 하는 Q가 한마디 보탠 것이 우리를 빵 터지게 했다.

"신축 한옥이 아니라 리모델링한 고택 아냐?"

"그렇네. 신축이 아니라 고택을 리모델링했다는 표현이 맞는 거 같네."

고택을 리모델링했다는 말을 우리는 금세 알아들었다. 물리적인 나이로 봐서 고택이란 거다. 그런데 한 분이 리모델링하듯 '뭔가'를 했다는 이야기다. 그런 다음 우리는 재건축을 얼굴 전체 성형으로 규정하면 재개발은 전신 성형이냐는 등, 느닷없이 건축 용어들과 성형과 관련해 너도나도 말하기 시작했다. 이어서 역시 관리는 해야 한다는 등, 과하면 안 된다는 등 얼굴에는 세월이 묻어나야 한다는 등 개인적인 의견들을 내놓기 시작했다. 원로 분들을 놓고 성형 이야기가 과했다고 생각했는지, 이제 관리 들어갈 세대를 인정하는 우리들은 차츰 겸손해지고 있었다.

그때 출판사 대표 J가 우리를 더더욱 겸손하게 하는 말을 했다.
"제가 주관이 없어서 그런가, 가꾼 분은 가꾼 대로 멋있고, 자연스럽게 나이 드신 분은 연륜이 얼굴에 묻어 편안해 보여 좋아요. 종손 내외가 살뜰하게 관리한 고택 느낌도 들고요."

자기가 무슨 황희 정승이냐고 우리 중 아무도 그런 식으로 말하지 않았다. J 스스로가 주관이 없다고 한 말도 시비를 걸지 않았다. 맞는 말이란 것을 인정했다. 그리고 우리 중 아무도 주름살 찾기 힘든 그 분이 성형했는지 혹은 시술했는지, 수술했는지 사실은 모른다.
J, 그가 다시 말했다.
"H 선생님은 수필집에서나 평소 말씀하시는 거랑 얼굴이 딱 맞는 거 같아요. 역시 사람은 말 따라 얼굴도 따라가는 것 같아요."

H 선생님은 '리모델링한 고택' 같다는 평을 좀전에 들은 분이다. 그랬다. H 선생님은 과장됨이 없는 편안한 미소를 지으셨으니 큰 주름이 보일 리 없었다. 인품이 좋은 것도 자자한 사실이다.

내가 자주 쓰는 말 중에서 '이왕이면'이라는 말이 있다. 이왕이면 다홍치마라는 동가홍상同價紅裳에서 나온 말이다. 그날 나는 이왕이면 골라서 보고, 골라서 듣고, 골라서 말하는 습관을 들여야겠다고 생각했다. 그럼 '하필이면'을 면할 것 같아서다. 하고 많은 말 중에서 하필이면 그런 말을 골라서 하는 독설가는 별로다. 더구나 나이를 먹어가면서는 독한 말은 하고 싶지 않다. 주관이 없어 보여도 말이다.

내가 듣고 싶은 말이 있을 거다. 이왕이면 내가 듣고 싶은 말을 하는 게 좋겠다. 하필이면 아픈 말을 골라서 하는 것보다 이왕이면 어루만지는 말을 골라서 쓰고 싶다. 고르는 것은 선택이고 선택은 자유라는데, 자유롭게 선택하려면 습관을 잘 들이는 방법이 최선이다. 쓰고 보니 어떤 경지에 도달한 것처럼 거창하지만 생각할수록 멋진 생각이다. 이

렇게 노력하다보면 나도 훗날 사진을 찍으면 이런 말을 들
을 수 있을지 모른다.

"고택 같은데 종손내외가 살뜰하게 잘 관리한 고택 같다."

이런 말, 솔직히 듣고 싶다. 이왕이면.

이쁘게 말하는 사람은
꽃보다 아름답다

모든 말로未路, '말'로 결정된다

**누구에게나 행복한 말로도 있고, 불행한 말로도 있다.
이 말로를 결정하는 것이 바로 '말'이다.**

딸이 영화와 관련된 일을 해서 국제영화제에 참석을 하곤
한다. 이번엔 '칸'이란다. "한창 바쁜 엄마를 한국에 두고 혼
자 프랑스에 가니 좋겠다"라고 했더니 자기도 고된 일터로
간다나 어쩐다나.

그렇게 가더니 해변의 풍경 사진을 보내며 날씨가 환상이
라고, 공기 좋다는 걸 보니 은근 자랑이다 싶었다. 한국은
여전히 미세먼지로 마스크를 챙겨야 하는데 말이다.

"거봐. 가니까 좋지? 엄마도 그런 일 하고프다. 진짜 좋겠다."

마지막에 붙인 '진짜 좋겠다'란 말에는 평소 시놉시스 읽느라 주말이 있네 없네 하던 딸에게 위로 겸 일에 대한 자부심을 주려는 부모로서의 의도가 다분히 들어 있었다. 더 솔직히 말하면 직장 소중한 줄 알고, 앞으로도 잘 다녔으면 하는 속셈도 있었다. 하지만 대답으로 돌아온 말은 "엄마는 제가 레드카펫 밟으러 간 줄 아나봐"였다. 누가 말리랴. 자식 말 이기는 부모가 되고 싶지 않아 그쯤만 했다. 그래서인지 "그래도 영화배우도 보고, 해변에서 산책도 하고, 음식도 맛있다"라며 엄마 말을 아주 땅에 떨어뜨리진 않아 그날 모녀의 대화는 화기애애 모드로 일단락.

이래저래 칸 영화제에 대한 관심과 인터넷에 실리는 영화제에 대한 소식도 예사롭지 않은데 마침 칸 영화제 심사위원장이 케이트 블란쳇이란다.

어, 싫었다. 지난 겨울에 본 영화 〈캐롤〉에서의 인상 깊었던 모습이 떠올라서였다. 다시 영화를 보니 역시였다. 그러다 "아, 〈블루 재스민〉!" 했다. 내친 김에 영화 〈블루 재스민〉

을 봤다. 그녀의 연기력이든 우아한 외모, 영화에 대한 이
야기는 다음 기회로 미룬다. 지금은 '말' 이야기를 하고 싶
어서다.

이 영화의 결론은 '말'로 말로末路가 결정된다는 것이다.
넋 나간 모습으로 거리의 벤치에 앉아 구시렁대는 그녀의
모습이 마지막 장면이고, 그 장면이 재스민의 말로라는 전
제하에서다. 사실 영화 속에서의 그녀의 말로를 보면 그 이
상의 탈출구는 없어 보인다. 다음은 '말'로 '말로'를 결정한
영화 속 재스민의 이야기다.

사랑하는 남자 '할'과 결혼하기 위해 학업까지도 중단했던
재스민, 남편 덕에 상류사회에서 사교계의 여왕 같은 삶을
누리던 그녀에게 할의 배신, 그것도 여자 문제로 인한 배신
은 충격을 넘어 분노를 치솟게 했다.
분노감을 주체하지 못하던 그녀는 치를 떨며 전화로 FBI를
찾는다. FBI에 그녀가 한 말은 이후 그녀 삶의 모든 색깔을
'블루'로 만들었다. 분노로 인해 쏟아낸 말. 최근 몇 년간 우
리를 경각시키는 일명 '분노조절 실패'로 쏟아져 나온 말,

그게 비록 남편의 비리를 쏟아낸 말일지라도 그녀의 인생 모두를 어둠으로 끌고 간다.

분노는 한 여자를 비참하게 만들었고, 한 남자를 죽였고, 한 가정을 파괴했다. 정확히 말하면 분노한 순간 해버린 말, 분노조절 실패로 쏟아낸 말이 인생을 나락으로 끌어내렸다, 그리고 꿈같이 다시 찾아온 사랑과 재기의 기회도 (거짓)말로 마침내 사라져 버렸다.

영화의 전체를 끌고 간 것은 '말'이었다. 누군가를 해하려는 분노의 말 -비리를 정의롭게 밝히고자 한 의도가 아니었다- 이 그 누군가와 나를 동시에 죽인다는 것, 거짓말은 사랑도 떠나게 한다는 것, 홀로 쓸쓸하게 늙어가게 한다는 것이었다.

"이건 단지 영화 속 이야기일 뿐이야."

그렇게 말할 수만은 없는 것들이었다.

그녀가 인생을 한 방에 날려버린 분노의 말을 쏟아낸 시간을 재봤다. 딱 참을 인忍자 3개 쓸 시간만 참았으면, 그녀의 모든 것을 날리지는 않았을 것이란 계산이 나왔다. 아니면 복식 호흡 3번만 했어도 인생은 달라졌을 것이다. 분노의 순간, 무슨 수를 써서라도 참아야 하는 순간을 넘길 '무슨 수'가 그녀에게는 없었다. 참는다는 말 대신 '시간을 벌다'라는 말로 바꿔도 좋다. 시간을 '벌면' 모든 것을 '잃지' 않을 테니.

누구에게나 말로가 있다. 행복한 말로도 있고, 불행한 말로도 있다. 그런데 거듭 생각해도 이 두 말로는 결국은 말로 결정되는 것 같다. 특히 끓어 넘치게 하는 분노의 순간, 그 순간에 한 '말'로 인생의 '말로'가 결정된다. 평생을 쌓아온 것이 날아가는 시간이 너무 순식간이라서, 순식간에 나오는 말이 더 두렵다.

받아준다는 의미

**사람을 받아들여야 보이고 들린다.
마음으로 사람을 들여놓는 일이 먼저다.**

현장 매표를 하는 오래된 습관을 못 버리고 복작거리는 버스터미널에서 급하게 승차권을 샀다. 첫차를 맘에 두고 서둘러 나왔건만 매진이란다. 내가 탈 차는 앞으로 한 시간 후다. 이대로 기다릴 수는 없다. '그러니까 인터넷 예매를 하지'라는 마음속의 말을 누르며 재빠르게 이동한다. 탓한들 무슨 소용이냐는 자기 합리화다.

현장 매표가 습관이니 그동안 축적된 노하우가 없을 리 없다. 버스 앞머리에서 기다리는 방법이다. 그러다 빈 좌석이 나면 기뻐하며 차에 오른다.

운 좋게 빈자리가 생겨 버스에 올랐다. 일명 '예비석'인 맨 뒷좌석 한자리가 남아서다. 여행 가방을 실을 짐칸이 꽉 찬 터라 가방을 들고 뒷좌석으로 끙끙 가는데 버스 복도가 참 길게 느껴졌다. 겨우 자리를 찾아 짐 가방 놓고 앉으려는 데 옆 좌석 분이 내가 앉기 편하도록 핸드백을 들어준다.

나는 그때 문득 받아준다는 게 얼마나 좋은 느낌인지를 알 았다. '들인다'는 말이 떠올랐다. 차는 출발했다. 여유를 찾 자 토요일 첫 차부터 붐비는 이유가 궁금했다. 짐을 받아준 옆 좌석에 앉은 분이 말해주었다.
"오늘부터 설악산 등산이 가능해요."
설악산을 포함한 국립공원은 산불 예방으로 2월 말부터 5월 중순까지 입산 금지였단다. 그러다 등산이 가능한 첫 토요 일이니 사람들이 몰린 것이고, 그분은 한계령에서 백담사 로 산행을 가는 중이라고 했다.
"너무 설레요"라며 웃는데 덩달아 웃게 될 정도였다. 설렌다는 말, 나도 전날 저녁에 한 말이었다. 쓰고 싶은 원고를 쓰러 원고 여행을 앞두면 나는 설렌다. 원고 쓰는 것이 설레는 게 아니라 단서가 꼭 붙는다. 쓰고 싶은 원고를 쓰러 갈 때다. 옆 좌석의 그분도 설악산 등산을 앞두고 설렌단다.

어제까지 여름장마 같은 봄비가 3일간 내렸고, 그날은 맑게 개어 있었다. 옆에 앉은 분이 맑게 웃으며 이야기했다.

"물이 반짝거리네요."

한강은 출렁출렁 흙탕물이었지만 햇살을 받아 반짝거리고 있었다. 누군가는 흙탕물이 보이지만 누군가에게는 그 물결 위로 빛나는 햇살이 보이는구나.

"일곱 시간 걷는 걸 예상하고 가는데, 가능할 것 같아요."

"혼자서 설악산을 일곱 시간이나요?"

"네, 정말 좋아요. 석 달이나 기다렸어요. 너무 좋아서 어제 잠이 안 왔어요."

지금 그녀는 걷고 싶은 길을 일곱 시간 걸으며 나무와 풀과 공기에게 말을 걸고 있을지 모른다. 나는 지금 쓰고 싶은 원고를 쓰며 글과 말 걸기를 하고 있다. 공교롭게 거의 일곱 시간째다.

일곱 시간 숲을 걸으며 그녀는 행복할 거고, 나 또한 원고의 숲을 걸으며 행복하다. 설레며 걷기는 마찬가지지만 나는 불평도 한다. 불만도 많다. 원고가 안 풀릴 때다. 나는 원고에게 바라는 게 많고, 그녀는 자신을 받아들여준 산이 그저 좋고 산에 바란 것이 없으니 불평이나 불만이 없을 것이다. 그러니 남의 짐을 들어주는 여유가 있었을까?

입산 금지든 입산 허가든 사람이 정해놓은 것이지만 정작 산의 입장에서 보면 산이 사람을 받아들이는 것이다. 나는 생각했다. 사람을 받아들이는 사람이 진정 산에 들어갈 자격이 있는 것은 아닐까.

누군가의 짐을 들어준다는 건 마음으로 사람을 들여놓는 일 같다. '내치다'의 반대인 '들이다' '받아들이다' 그리고 '받아 들어주다'. 이 말들은 모두 품어 안는 느낌이 든다. 받아들이는 것에 대해 깊이 느끼게 해준 고마운 마음에 몇 자 적어보았다.

다 받아줄 듯, 받아들일 듯 산이 푸르다.

말은 힘이 세다,
누가 녹음해도 괜찮은 말인가

누군가 언제든 녹음해도 괜찮은 말을 하는가!
누가 들어도 떳떳한 말을 하는가?

3대째 승승장구하던 대기업을 흔든 시초는 '말'이었다. 말
의 내용도 문제려니와 어투와 톤이 듣는 이들을 경악하게
했다. 감히 넘볼 수 없는 부富를 가진 이들을 마구 흔들어
댄 건, 그들이 허공으로 날린 말이었다. 그 말들이 다시 그
들을 공격했다. 세상 사람들도 그 사람들의 말에 공분하며
맹공격했다.

말은 소리와 눈빛, 태도, 어조 등을 모두 담아 상대에게 전달된다. 그래서 나는 "아" 했어도 상대가 "아아…"로 들었다면 그 부분까지 책임져야 한다. 그래서 우린 '아'로 전달되게 최대한 신경을 쓴다. "네가 잘못 들은 거지"라고 하기엔 상대도 녹록치 않다.

우리는 말할 때 조심한다. 조심성 없는 말은 심판대에 오를 수 있다. 심판대에는 그 말을 한 사람도 함께 오른다. 아무도 동정하지 않는다. 잘못 말하면 그렇다.

말과 함께 두 번째 허공으로 날린 건 컵이었다. 이후 만평에서는 "막내야, 뭘 던진 거냐?"라고 했다. 그 컵은 가족과 기업 모두를 허공으로 날아가게 했다. 그가 던진 게 음료가 든 컵이든, 빈 컵이었든, 그가 한 말이 던지듯 한 말이었든 뼈 있는 말이었든 실수였든, 던진 순간 심판을 받게 된다. 입 밖으로 던진 것과 손 밖으로 던진 것의 파괴력을 우린 보았다. 허공으로 날아간 말과 컵의 위태로운 착지.

남의 불행은 때로 나의 교훈이며 타산지석의 본보기다. 내가 가진 건 많지 않으나 지키고 가꿀 가치가 있는 모두 소중한 것들이니. 대기업 총수 가족만 잃을 게 있는 건 아니니. 다음은 공분하던 그즈음에 써 본 것이다.

나는 던지듯 하는 말은 없었을까? 내 손에 든 건 뭘까? 혹시 난 늘 던질 준비를 하는 건 아닐까? 내 입 안에 맴도는 말들을 다스리지 못하고 '함부로 쏜 화살'처럼 날리는 건 아닐까? 나 때문에 상처를 받은 사람은? 다 잘해보자고 한 말들이 다 아프게 한 적은? 나의 의도는 선한 것이었으나 상대에겐 비수 같지는 않았을까? 나는 말에게 끌려가는 사람인가, 말을 끌고 가는 사람인가?

말은 내 모든 것을 끌고 간다. 말의 힘은 세다. 말을 내가 끌고 가면 내가 세진다.

하지만 말을 던지듯 하면 내가 통째로 나동그라진다. 말이 세서 나를 넘어뜨린다. 더 무서운 것은 그럴 때 아무도 나를 일으켜 세우지 않으려 한다는 것이다. 평소 내 말 때문에 그 사람들이 수없이 동댕이쳐져서 나를 도울 힘조차 없어서인지도 모른다.

나는 '말 잘하는 사람'과 '잘 말하는 사람'에 대한 이야기를 자주 한다. 진짜 말을 잘 하는 것은 잘 말하는 것이라는 것을 시간이 흐를수록 느끼기 때문이다. 특히 책임질 일이 많은 사람, 리더라고 생각하는 사람, 자신의 말이 영향력이 있다고 믿는다면 더 그렇다.

부모가 그러하고 선생이 그러하며 어른이라면 마땅히 이런 힘을 가진 위치다. 영향력 있는 인물들이기 때문이다. 영향력의 '력ヵ'이 말해준다. 칼도ㄲ자 위에 얹힌 날카로운 획을 보라고.

'말의 힘ヵ은 정말 세다.'

내가 쓴 메모의 마지막 문장이다.

'누군가 언제든 녹음해도 괜찮은 말을 하는가!'

이 글을 쓰면서 이렇게 바꾸어도 좋겠다는 생각이다.

'누가 들어도 떳떳한 말을 하는가.'

변명하고 사죄하느라 고개 숙이지 않을 떳떳한 말하기. 그래, 그게 좋겠다.

하얀 꽃 핀 건 하얀 감자

자주 꽃 핀 건 자주 감자, 파 보나 마나 자주 감자.
하얀 꽃 핀 건 하얀 감자, 파 보나 마나 하얀 감자.

내가 일하는 연구소 옆에는 유치원 아이들이 가꾸는 텃밭
이 있다. 텃밭 옆으로는 남한산성 자락의 맑은 물이 계곡을
따라 흐른다. 텃밭에는 아이들이 가꾸는 감자밭과 고구마
순이 자라고, 텃밭 가장자리에는 식목일 즈음에 심은 아로
니아 묘목도 잘 자라고 있다.

싹 난 감자 조각을 심었는데 어느 날 감자 싹이 흙을 밀어

내고 뾰족거리며 나오자, 놀이터에서 놀던 아이 중 하나가 정글짐을 오르다 그걸 봤는지 소리쳤다.

"얘들아, 감자 싹 났다."

"어디? 어디?"

아이들이 친구의 '감자 싹 났다'는 말에 신나서 반응을 보인다. 선생님이 이 장면을 놓칠 리 없다. 유아교육이야말로 아이들이 흥미를 보이는 것을 놓치지 않고 즉시 교육으로 끌어오는 'here & now' 교육 아닌가.

선생님은 아이들과 함께 텃밭으로 간다.

"감자 싹아. 고마워."

"진짜 신기하다, 그치?"

아이들의 '고마워'라는 말에는 고마움의 마음을 담은 부드러움과 속삭임이, '진짜'를 발음할 때는 '지이인짜'라며 깊고 강한 여운을 담는다. 그날 문득 아이들이야말로 말의 본질에 충실한 발음을 하는구나, 싶었다. 발음뿐인가. 아이들이 하는 역할놀이나 활동 중 나누는 이야기를 들어보면 말에 꾸밈이 없다.

아이들은 감자 잎이 자라고 꽃이 피는 것을 보며 "우아, 우아!"라며 탄성을 보내며 관찰일지도 쓴다. 관찰일지에는 글과 그림으로 아이들의 마음이 표현된다.

"잘 자라라, 감자야. 사랑해."

일곱 살 아이들 중에는 글씨를 쓸 수 있는 아이도 있고, 그림만 그리는 아이도 있다. 어떤 아이는 친구의 글씨를 보고 따라 쓰기도 한다. 글씨 못 써서 주눅 드는 아이는 없다. "야, 너 그림 잘 그린다"라며 친구의 그림을 칭찬하기도 하고, "감자꽃 진짜 이쁘다, 그치?"라며 예쁜 마음을 나누기도 한다. 서로 칭찬하며, 또는 자신의 그림에 몰두하며, 때론 모방하고 배우며 아이들은 자란다. 아이들도 식물들도 무럭무럭 자란다.

그날 아이들은 교실에 들어가 연계활동으로 권태응 선생님의 시詩 '감자꽃'을 배웠다.

자주 꽃 핀 건
자주 감자

파 보나 마나
자주 감자

하얀 꽃 핀 건
하얀 감자
파 보나 마나
하얀 감자

감자꽃은 아이들을 닮았다. 하얀 감자꽃은 마치 "저요, 땅
속에 하얀 감자 키우고 있어요"라며 땅 속에 묻힌 감자 색
깔을 꽃으로 보여준다. 시나브로 꽃이 지고 감자가 여물었
을 하지夏至 무렵 감자를 캐면 자주 꽃을 피운 데서는 어김
없이 자주 감자가 나온다. 그럼 하얀 감자꽃 핀 건, '파보나
마나 하얀 감자'다.

말 원고를 쓰는 지금, 이 시가 말의 많은 것을 보여주기에
제격이란 생각이 든다.
버선 속이니 뒤집어 보일 수도 없는 우리의 속내를 '말'로
보여줄 수 있다면 감자는 꽃으로 자기 속내를 보여준다. 아

이들도 자기 마음(속)을 말로 정직하게 표현한다. 감자꽃은 아이들의 말을 닮았다.

나는 이런 마음을 담은 시를 썼었다. 세상에서 아이를 닮은 꽃 하나만, 꼭 하나만 말하라고 한다면 감자꽃이라는 내용이다. 그리고 세상에서 가장 정직한 소통법 하나만 추천해 달라고 한다면 아이들의 소통법을 꼽고 싶다.

어른들의 세상은 그리 단순하지 않아서 수많은 어휘와 레토릭의 풍랑에 휩쓸리기도 하고, 상대를 배려하는 완곡한 표현법이 필요할 때도 있지만, 그래도 자기 마음속 그대로 환하게 보여주는, 감자꽃 닮은 아이들의 말을 닮고 싶다.

소리에 대하여

세상에 쓸모없는 소리란 없다. 내 소리를 비롯해서.
다만 소리를 내야 할 때를 알고 제대로 냈으면.

내가 즐겨 자주 찾는 곳이 있다. '툭하면 짐 싸서 가는' 곳이다. 우선 내 마음에 드는 몇 가지가 툭하면 짐 싸들고 찾게한다. 먼저 조용하다. 한가하다. 절간만큼은 아니지만 시끌벅적 분주한 속세와는 확실히 구분되는 공간이다. 조용하다지만 주말이나 연휴엔 사람으로 북적인다. 아이들 소리며 여행자들의 소리가 하이톤으로 채워진다. 이 소리에 나도 적당히 섞여 여행자 기분이 나니 좋다. 흥겨운 소음이다.

사람 소리가 반갑기도 하다.

어느 날 원고를 쓰다가 빗소리가 들려 밖을 보는데 날씨는 흐려도 비는 오지 않았다. 무슨 소리인가 싶었더니 연못에 작은 분수를 설치해 시험 가동중이란다. 순간, 달갑지 않은 내면의 반응이 밀려왔다.

왜 아니겠는가. 소쩍새 울음소리며, 호르륵 홀딱 우는 새 소리며 솔바람 소리를 분수 소리가 다 삼켜버리겠다는 걱정이 들어서였다. 아니나 다를까? 산책을 하면서도 먼저 들리는 소리는 연못 따라 곳곳에 설치된 분수 소리다. 별로 크지 않은 분수 물소리가 어찌나 큰지 바람 소리며, 나뭇잎끼리 부대끼는 소리를 삼켜버렸다.
'물소리는 소리가 크구나. 폭포 아래서 득음하는 이유를 알겠다.' 걷다가 나도 모르게 말했다.
"미워, 분수."

소리를 낸다는 건 여러 가지 층위를 가지고 있다. 의견을 낼 때 목소리를 낸다고 표현하기도 한다. 의견을 관철하고 싶을 때는 목소리를 높인다고도 한다. 소리를 낼 때를 잘 알고 낼 때의 경우다. 그렇잖으면 불필요한 소음으로 전락한다. 나는 연못의 분수 소리를 불필요한 소음이라고 단정해 버렸다.

숙소에 들어와서도 창문을 닫았다. 하필 연못 앞이 내 숙소다. 다른 때 같으면 솔바람을 끌어들인다, 맑은 공기를 들인다며 활짝 열어놓던 창이었다. 창을 닫으며 분수를 보고 말했다.

"시끄러워, 분수."

아이구, 내가 말해놓고도 어이가 없어 웃었다.

이튿날, 아이들의 왁자하게 신나는 소리가 들렸다. 내다보니 아이들이 분수를 보며 좋아라 하고 있었다. 직원이 지나가다가 말을 건넸다.

"그렇게 좋아?"

"네, 아저씨. 우리 아빠가 그러는데요, 분수가 좋은 공기를 주어서 그런지 물고기가 건강해서 비늘이 더 반짝거린대요. 맞아요?"

난 아이들의 말에 콕 찔렸다. 분수를 미워했으니까.

책을 낼 때 프롤로그나 지은이의 말을 쓴다. 그때 깊이 생
각하는 부분이 세상에 보탬을 주는 책인가, 하는 부분이다.
세상을 바꿀 만큼은 아니더라도 몇몇 독자의 가슴에 울림
을 주고, 단 한 사람이라도 인생을 바꿀 만큼은 되었으면
좋겠다는 욕심.
많은 사람의 손에 내 책이 들리길 바라는 마음도 쓰게 된
다. 내가 내는 소리(글)는 다른 사람에게 깊은 울림과 감동
을 주길 바라면서 나는 다른 소리에는 참으로 관대하지 못
하다는 찔림.

분수를 가만히 쳐다본다. 쉼 없이 연못의 물을 끌어올려 연
못으로 다시 떨어뜨린다. 그러면서 연못 속에 산소도 새롭
게 공급한다. 내게는 소음으로 전달되어 미움까지 받던 분
수였다. 슬그머니 미안해진다. 내 소리(글)의 분수를 짚어보
게 한 분수소리다.

세상에 태어난 건 다 쓸모가 있기 때문이라던 엄마의 말씀

이 생각났다. 그렇지. 세상에 쓸모없는 소리가 어딨겠어. 내 소리를 비롯해서다.

모든 소리가 더 소중하게 느껴진다. 내 말과 글 또한 모든 소리 속에 포함되어 있다는 아전인수식我田引水의 깨달음 끝에 느끼는 것이라 쑥스럽긴 하지만.

다만 밤에는 쉬어도 좋겠다. 밤의 소리에게 자리를 내어주는 것이다. 고요 속에서라야 비로소 들리는 풀벌레 소리든, 별들이 속삭이는 소리든 밤에는 밤의 소리가 있을 테니. 소리를 내야 할 때를 알고 제대로 냈으면…. 마침 모든 이가 좋아하는 소리라면 금상첨화겠다.

적자생존

적는 것은 떠오르는 것을 가두는 방법이다.
머리에 든 것, 적을 준비 완료.

베토벤은 비가 억수같이 쏟아지는 날에도 우산이나 모자도 쓰지 않은 채 성곽의 큰 공원을 산책했다. 산책하지 않으면 새로운 아이디어가 떠오르지 않았기 때문이다. 키르케고르는 산책할 때 반드시 작은 노트를 챙겼다. 생각이 떠오르면 기록하기 위해서였다.

아침 일찍 '고도원의 아침편지'를 읽는 것은 행복하다. 몇 줄 글에 전해지는 세상 이야기에 커피 맛이 새로워질 때가 많다. 그날은 산책과 수첩 이야기였다. 나도 문득 산책하고 싶어져 가까운 청담공원으로 향했다. 베토벤이 걷던 고풍스런 성곽의 큰 공원은 아니지만, 도심의 아파트 숲에 동그마니 놓인 작은 숲은 나름의 운치가 있다.

벤치에 앉아 인적 없는 성곽을 산책하는 베토벤을 떠올린다. 적막함은 절절하고 깊고 깊어 세기의 예술가에게 영감을 주었을 터다. 그는 성곽에 비스듬히 기대 음표들을 오선지의 안과 밖을 넘나들게 그렸을까? 베토벤의 주머니에는 분명 연필과 악보가 들었을 것이다. 시인 키르케고르가 산책할 때 반드시 작은 노트를 챙겼듯 모름지기 시를 쓰고, 소설을 쓰는 작가들은 적기遍期에 적기가 생명임이 분명하다. 적는 사람이 살아남는다는 '적자생존'이 한낱 우스갯소리는 아닌 듯하다.

'쓰기' 위해서는 '적기'가 바탕인 것이다.

정약용의 글쓰기 초고는 책을 읽으면서였다. 소설 『삼포 가는 길』의 작가 황석영 선생님은 베갯머리에 메모장을 두고 섬광처럼 떠오르는 말들, 꿈에선듯 떠오른 생각을 글로 가둔다고 한다. 『인간시장』의 작가 김홍신 선생님 댁을 방문했을 때 쌓여있는 원고와 메모장의 높이에 놀랐었다.

적는 것은 떠오르는 것을 가두는 방법이다. 부지불식간에 떠올랐다 순식간에 사라지는 영감을 잡는 비법이다. 걷는 중엔 손에, 잠자리에선 머리맡이나 손닿는 곳에. 예술가들의 위대한 결과물들은 수첩과 연필이 이뤄낸 쾌거가 아니었을까.

좋은 생각은 자꾸 꺼내야 하지만 생각은 떠올랐다 가뭇없이 사라진다. 사라져버린 생각을 찾기 위해 별의별 방법을 다 썼어도 도무지 생각이 안 나서 안타까웠던 적이 한두 번이 아니다. 놓친 고기가 크다고 했던가. 사라진 기억이야말로 기가 막히게 괜찮은 글감이라는 생각에 집착하다가 시간을 보낸 적도 많다. 놓친 기억도, 그걸 찾으려 소비한 시간도 둘 다 아깝긴 마찬가지다.

수첩을 챙기기 번거롭거나 깜빡 잊은들 괜찮다. 손에는 휴대폰이 있고 늘 갖고 다니지 않는가. 직업병처럼 엄지의 반란이 와서 펜으로 쓰기가 불편하면서 들여온 습관이 휴대폰 메모다. 덕분에 컴퓨터 자판은 아직 못 외웠어도 휴대폰 자판은 외웠다. 휴대폰의 자판을 외우니 길을 가다가, 버스를 타고 풍경을 구경하면서도 머릿속에 든 것을 '톡톡' 꺼내 기록할 수 있어 좋다.

좀 멋스럽기는 수첩이 좋긴 하다. 뭔가 떠오르는 단상을 놓치지 않으려고 고개 숙여 글씨로 남기는 예술가의 옆모습은 얼마나 근사한가. 그게 그림 스케치든 글 스케치든 멋지기는 매한가지다. 하지만 손에 든 것이 수첩이면 어떻고, 휴대폰이면 어떠랴. 보이지 않던 머리에 든 것들이 보이지 않는가. 머리에 든 건 꺼내 써야 한다. 머리를 쓴다는 것도 그런 맥락일 것 같다. 나를 위해 쓰면 내게 이롭고 남을 위해 쓰면 많은 이를 이롭게 한다.

맞은편 벤치에 앉은 학생 두 명이 휴대폰을 보며 세상과 소통하고 있다. 나도 휴대폰으로 글을 쓰며 소통하고 있다. 학생들을 보니 떠오르는 생각이 있어 얼른 메모한다.

'인적 많은 작은 공원의 산책은 사람끼리 주는 영감이 있다'라고. 베토벤이 산책했던 '인적 없는 성곽의 큰 공원'과 대구를 이루는 글귀로 쓴 건데 괜찮은 듯하다. 영감이 많이 떠올랐으면 좋겠다.

머리에 든 것, 적을 준비 완료.

누구를 부른다는 것

호칭, 상대를 부르는 것이고 동시에 내 안으로 불러들이는 것.
어떻게 부르는 게 가장 그 사람을 빛나게 할까?

카페에 네 사람이 들어왔다. 실내를 편백나무로 마감한 카페라 향 좋고, 분위기 좋으니 감탄하며 사진을 찍는다.

"아빠, 여기 보세요. 엄마도 앉으시고. 오빠도 여기 봐."

70~80대로 보이는 부부는 분명 사진을 찍으려는 50대 여인의 어머니와 아버지가 맞는데, 그럼 50대로 보이는 두 사람은 부부일까, 아니면 남매일까?

싱가포르 여행 중의 일화다. 6명이 함께 식사를 하는데 20~30대로 보이는 젊은 남녀가 함께했다.

"오빠, 물 좀 줘"라고 여자가 남자에게 말하자 "물 따라줄게, 컵 줘봐"라며 남자가 물을 따라 여자에게 주었다. 그러자 일행 중 한 명이 말했다.

"부부가 참 보기 좋아요. 꼭 오누이 같아요."

둘이 말했다.

"저희 남매 맞는데요?"

우리말의 호칭은 다양하고 섬세하다. 외국인이 우리말을 배울 때 어려운 부분이 문법적으로는 존댓말이고, 그 다음은 호칭일 정도다. 외가와 친가라는 호칭이 적절치 않다고 외할머니, 친할머니 대신 '할머니'로 교육하는 가정도 많고, 시아버지를 '아빠'라 부르는 새댁(이 예쁜 호칭도 곧 사라질지 모른다)도 있다.

제수씨, 형수님, 제부, 형부, 도련님, 서방님, 아주버님, 올케, 시누이 등…. 가족 호칭과 친인척 호칭이 좀 어렵기도 하다. 그래서 일부 호칭은 사어死語가 되기도 했다.

"외국처럼 이름을 부르는 게 좋겠어요"라는 제자의 말에 동감한 적도 있다.

연인 사이에 주로 불리는 '오빠'라는 말이 이제는 부부 사이에 보편화된 호칭이 되었다. 예전에는 연인 사이, 갓 결혼한 부부나 젊은 부부 사이에 불리던 것이었으나 지금은 50~60대 아내가 남편을 부를 때 '오빠'라고 해도 낯설지 않다.

호칭은 관계를 다양하게 맺을수록 그만큼 많아진다. 예를 들어 가정에서의 부부 호칭은 아이가 생기면 하나 더 늘어난다. '엄마' '아빠'라는 호칭이다. 호칭이 하나 늘어난 만큼 선택을 해야 한다. 아이 입장에서 부를 것인가, 부부 입장에서 부를 것인가. 부부가 둘이 있을 때는 "여보, 당신, 자기, 오빠, ○○씨." 뭐든 어떠랴. 상대가 편하고 따뜻하게 내게 오도록 부르는 호칭이라면 다 좋다, 둘이라면.
만약 옆에 아이가 있을 땐 아이를 배려한 부부간 호칭도 있다. '○○ 아빠, ○○ 엄마'다. 이 작은 배려가 매슬로Maslow 욕구 이론에 의하면 아이에게 '사랑과 소속의 욕구'를 채워준다. 엄마와 아빠가 자기 이름을 넣어 불러주면 아이는 안전감, 소속감과 사랑을 느낀다.

어린 시절 나는 엄마가 아빠를 부를 때 내 이름을 넣어 "영주 아버지"라고 불러주기를 기다렸다. 기회는 자주 오지 않았다. 엄마는 맏딸인 언니의 이름을 붙여 아버지를 부르는 게 습관이 되셨던 까닭이다.

호칭에는 부르는 사람의 마음이 담겨 있고, 호칭은 상대를 배려한 말이란 생각이다. 호칭은 부른다는 것이고, 부름으로써 내 안으로 불러들인다는 것이니 부르는 말은 너무도 중요한 말이다. 복잡한 격식과 형식을 굳이 따를 필요 없지만, '어떻게 부르는 게 그 사람을 가장 그 사람답게 부르는 걸까? 셋 이상의 사람이 모였을 땐, 어떻게 부르는 게 가장 그 사람을 빛나게 하고 존중하는 걸까?'에 대해서 생각한다면 정체성도 살리고 관계도 돈독해질 것 같다.

"오빠, 자기, 여보, 당신, ○○ 아빠, ○○ 엄마, 어머니, 아버지…."
모두 따뜻하고 뭉클한 호칭이다. 마음을 담아 잘 부르면 더 큰 사랑을 느끼는 게 또한 호칭이다. '부른다는 것'은 상대를 의미 있게 하는 것이고, 우린 모두 '무엇'이 되고 싶으며

'내가 그의 이름을 불러주었을 때' 마침내 '꽃'이 되니까* 누군가를 부른다는 것은 이토록 큰 의미를 가진다.

좀전 카페에서 사진을 찍던 50대 두 분은 '부부'였다. 내게 사진을 찍어달라고 부탁하는 바람에 궁금증을 해결했다. 내가 사진을 찍어드리면서 "할아버님, 모자가 삐뚤어졌는데요"라고 하자 할머니 말씀이 "이 서방, 아버님 모자 좀 바로 해드려"라고 했으니까.

* 김춘수의 시, '꽃'을 인용했음.

나는 말에 진심을
담기로 했다

말에도 뒷모습이 있다

**말이야말로 '사용 전'과 '사용 후'가 있다.
'뒷모습이 아름다운 말 쓰기'가 0순위다.**

숙소를 나서는데 청소하시는 아주머니가 옆 방의 쓰레기통을 비우고 계셨다. 잠시 서서 인사를 나누느라 난 쓰레기통에서 쏟아져 나오는 각종 쓰레기들을 보게 되었다. 과자봉지, 잘게 찢은 종이 조각, 사용한 휴지….

쓰레기통에 넣을 땐 잘 모르던 쓰레기들의 존재. 쓰레기통에 들어가 안 보일 때 몰랐던 쓰레기들의 존재감이 확 드러났다. 보기에 민망한 것들도 있었다. 민망한 것이라고 해봐야 사용한 휴지를 야무지게 단속하지 않아 보이는 정도의 사소한 것들이었지만. 쓰레기통에 들어가기 전까지 소중하지 않은 존재들은 없었다. 과자봉지는 과자의 맛과 품질을 보존했고, 종이 조각들은 무언가 중요한 정보를 제공했을 것이며, 휴지조차 말해 뭐하랴.

문득 떠올랐다. '존재'가 '것'이 되는 차이.
그건 '사용 전'과 '사용 후'의 문제였다. 사용 전에는 '소중한 존재'였으나 사용 후에는 '버려지는 것'이 있고, 사용할수록 '빛나는 것'이 있다. 그리고 쓰레기통에서 쏟아지는 것을 보며 말의 사용 전후와 '말의 뒷모습'이 보였다.

말이야말로 사용 전과 사용 후가 있다. 말의 사용 전은 깨끗하고 안전하며 누구에게든 요긴하게 잘 사용되도록 완벽한 모습을 갖추었다. 그런데다 말은 쓰고 버려지는 '것'이 아니라 쓸수록 빛나면서 '존재감'이 커진다. 무서운 건, 말은 사람을 거치며 오염되고 버려질 수도 있는 양날의 검 같은 존재라는 것이다.

함부로 써서 버려진 말들을 통에 담아 쏟아내면 쓰레기통을 뒤집어 쏟아낼 때의 민망함 정도가 아닐 거란 생각이 든다.

사용하고 난 후 책임질 말 중에 급부상하는 것이 댓글이다. 바야흐로 '댓글 시대'다. 그러고 보니 '문자 시대'라고 해도 과언이 아니다. 빛의 속도로 주고받는 문자라서 보낸 후의 뒷모습을 살필 겨를도 없을 때가 있다. 모음 'ㅑ'와 'ㅗ' 음소 하나 차이로 중대한 실수를 한 경험, 수신인을 잘못 선택해 보낸 경험. 미처 뒷모습을 가다듬지 않고 보낸 문자 때문에 얼굴 벌개진 경험이 여러 번이다.

실수로 보인 말의 뒷모습은 그나마 수습이 가능하지만 댓글의 경우에는 누구도 실수라고 하지 않는다. 'enter'를 누른 순간 '말이란 새장 밖을 날아간 새와 같아 불러들일 수 없다'는 유대인 속담이 딱 들어맞는다. 아무리 안타까워도 수습 불가다. 글은 더 많은 사람에게 순식간에 노출되는 영구보존 문서다. 글을 떠나보내기 전에 뒷모습을 다시 살필 것. 그래서 문자의 뒷모습을 야무지게 살핀다. 그래도 여전히 허술해서 가슴을 쓸어내린다.

말 또한 글만큼 영구히 보존될 수 있고, 결코 공중으로 흩어져 사라지는 게 아니라는 것을, 요즘 불거지는 일련의 녹음 사건을 보면 실감이 난다. 불법 녹음이든 불법 유포든 그건 차후의 문제다. 일단 말을 모으기가 너무도 쉬워졌다.

내가 하고 나서 아차 싶어 거둬들이고 싶은 말, 나도 모르게 실수한 말, 실수한 줄도 모른 채 지나다 나중에 깨닫게 된 말, 내가 말할 땐 '쓸 말'이었으나 상대에게 가서는 '못쓸 말'이 된 말. 누구나 말실수를 할 수 있기에 '그럴 수 있어'라고 서로 지나가 주기도 하지만 어느 날 쓰레기통을 쏟아내듯 내가 사용한 언어를 모은 통을 뒤집어 쏟을 때 그때에도 민망하지 않게 신중하게 쓰고 있는지.

사용 후 버려지는 말이 아니라 사용 후 빛나는 말을 하고 싶지만, 내가 떠나보낸 말과 글의 뒷모습이 아름다운지 여전히 나는 자신할 수 없다. 말과 글의 뒷모습을 야무지게 가꾸는 건 어려운 일이라는 것을 자주 느껴서 지금 이 글도 쓰는 걸 거다.

하지만 나의 뒷모습 예찬론에 '뒷모습이 아름다운 말 쓰기'
가 0순위에 놓여야 한다는 생각은 변함없다. 말과 글을 많
이 쓰는 사람으로서, 말에 대한 최소한의 예의를 갖춰야 한
다는 건 그럴 듯한 포장이고, 솔직히 그 뒷모습이 내 모든
것이 된다는 것을 알기 때문이다. 말의 뒷모습은 분명, 더
아름다워야 하는 걸 아는 까닭이다.

'때문에'가 '덕분에'가 된다

"때문에 영화도 못보고, 때문에 글도 못쓰고⋯."
"덕분에 그 일을 할 수 있어서 감사합니다⋯."

세상에 오가는 말들 중에는 행복에 관한 메시지만큼이나
지금의 어려움이 마치 내일 행복할 거란 보증서처럼 말하
는 내용들이 많다. 찬찬히 읽어보면 말 안 되는 것 없고, 명
언다운 금언들이지만 내겐 마치 인간을 편하게 두면 안 된
다는, 인간의 반대편에 선 누군가들의 음모 같이 느껴질 때
가 있다.

'자꾸 독려해서 인간을 괴롭혀야 해.'

어떤 이들은 해야 할 일보다 하고 싶은 일을 하라는 말로 혹하게 한다. 어떤 이들은 지금 할 일을 미루며 괴로워하지 말고 하기 싫은 일일수록 당장 하라며 괴로운 일을 결국 해내게끔 우리를 떠민다.

하지만 그런 명언을 남긴 사람들은 우리가 되고 싶은 인물들인데다 이래저래 다 맞는 말이기에 따를 수밖에 없어 더 괴로울 때가 있다. 이를테면 하긴 해야 하는데 진짜 하기 싫은 일로 낑낑댈 때는 하기 싫은 일부터 하라는 말을 따르기로 한다. 하고 나면 시원하다. 그 말을 따르길 잘했다고 생각한다. '그래, 괜히 성공한 사람들이겠어'라고 생각하기도 한다.

그래도 여전히 밀려들고 몰려드는 일들이 미워질 때, 진짜 하기 싫은 일들로 넘쳐날 때 이런 말들까지 밉다.

'문제가 생긴다는 것은 최선을 다할 기회가 주어지는 것과 같다(듀크 엘링턴). 사람들이 약간의 불행을 느끼지 않는다면 어떤 재화나 가치도 만들어지지 않는다. 불행은 사람들이 현재 상황을 바꿔야 할 동기를 부여하며 예술, 사회, 과학 문명을 대표하는 걸작들은 모두 불행한 사람들이 스스로의 불행을 치유하면서 이루어낸 성취의 산물이다(토마스 차모르).'

이 말들도 벅찬데, 보내준 사람의 부연 설명은 더 못 견디겠다.

"불행과 불만족, 편안하지 못함이 현상타파와 개선의 촉매제가 됩니다."

뭐야, 그러니까 계속 고생하라고? 고난은 친구라고? 친구라면 앞으로도 쭉 같이 갈 사이? 고난과 내가? 난 지금도 충분히 고난스럽다고. 그런데 이 상태로 불만족과 불안을 안고 가라고? 그래야 성취한단 말이야?

이렇게 고난이나 역경을 이겨내야 인생인 것처럼 말하는 수많은 좋은 말들 앞에 자주 불만을 품는 나다. 그즈음 나는 네이버 생중계 강연 준비에 시달리고 있던 터라 매사가 불만이었다. 열심히 준비해야 하는 것도, 이를 준비해주는 출판사나 직원에게도 미안했다. 가장 불만은 내 스스로에게 있었다. '자존감'이란 주제가 너무 진지해 도무지 웃음 코드를 찾을 수 없었다. 한창 유쾌한 강연을 한다고 자부했는데 다시 진지하고 무거운 강연으로 회귀하는 듯한 느낌이 싫었다. 그러니 생중계를 하겠다고 수락한 이후 내내 편치 않았다.

하지만 〈자존감 대화법〉 생중계 '때문에' 영유아 자녀를 둔 부모님뿐만 아니라 청소년 자녀를 둔 부모님, 그리고 직장에서의 대화법 등 청중 폭을 확실히 넓힌 멋진 강연 주제가 생겼다. 그리고 이 에세이 한편 쓰고 있으니 '때문에'가 '덕분에'가 된 것이 분명하다.

피할 수 없으면 즐기라고 하지만, 내 경우에는 그게 잘 안 될 때가 많다. 피할 수 없어 괴로워서인지 "~때문에"를 달고 사는 평계쟁이가 된다.

"때문에 영화도 못 보고, 때문에 여행도 못 가고, 때문에 글도 못 쓰고….."

이런 원망 때문에 더 힘들다. 그럴 땐 불행과 불만족이 당신을 행복하게 할 것이라는 말들이 당장은 위로가 안 된다. '덕분에'로 가는 과정이라 생각해도 여전히 힘들다. 그래도 시간은 간다. 시간이 가는 만큼 일도 진행되니 며칠 후에 '덕분에'가 될 거라 믿어 의심치 않는다. 죽어라 하면 그게 살자고 한 일이 되는 것. 경험컨대 사실이다.

'때문에'가 머잖아 '덕분에'가 되니 나도 별 수 없이 '고난 없는 행복은 없다'는 식의 말을 믿을 수밖에 없다. 파이팅.

나를 위로하는 말

내가 두려울 때 힘을 주는 마법의 말을 가졌는가.
나를 평생 이끌고 갈 내가, 나를 위로하는 말.

"사람의 마음은 쉽게 겁을 먹어. 그래서 속여줄 필요가 있어. 큰 문제에 부딪치면 가슴에 손을 얹고 이야기하는 거야." 그는 자신의 손을 가슴에 대고 도닥이며 말했다.

"알 이즈 웰, 알 이즈 웰."

책도 그렇듯 다시 보고 싶은 영화가 있다. 다시 볼 때 이전에 안 보였던 장면이나 대사들이 보이고 들리니 참 좋다. 〈세얼간이3 Idiots〉가 그랬다. 몇 번 반복해 본 장면이 있다. 이 대사가 좋아서였다. "알 이즈 웰, 알 이즈 웰."

괴짜 천재 '란초'가 어느 야경꾼이 한 말을 전한 것이 "알 이즈 웰All is well"이다. 만약 '올 이즈 웰'이라고 발음하면 이 말의 맛이 덜 날 것 같다. 이후 영화의 곳곳에 알 이즈 웰이 등장한다. 란초가 손으로 자신의 가슴을 도닥이며 알 이즈 웰이라고 할 때, 마치 나를 도닥이는 듯한 느낌도 들었다. 이렇듯 '어디선가 누군가에 무슨 일이 생기면' 다 해결해주는 란초는 친구들에게 우상이며 짱가 같은 만능 해결사다.

나도 란초 같이 지혜롭고 용기 있으며 내가 문제가 생길 때마다 해결해주는 능력을 갖춘 친구가 있었으면 좋겠다. '하지만 현실적으로 불가능하지.' 하는 내 안의 대답이 나오려는데 딱 떠오르는 생각이 있다.
"가능하지. 내가 내게 그런 친구가 되면 되지."
"나도 나를 도닥여줄 '알 이즈 웰' 같은 마법의 말을 몇 가지 준비하면 되지."

힘들고 괴로울 때 나를 위로하는 말에는 뭐가 있을까? 스스로를 격려하는 말에는? 노력해도 잘 안 될 때 운명은 내 편이라는 의미를 가진 말은?

"다 그런 거야."
"너만 그런 거 아냐."
"할 수 있어."
"될 수 있어."

골라보면 많을 거다. 아주 멋진 말이면 좋겠지만 멋진 말이 아니어도 괜찮다. 세상을 핑계 대는 말도 있고, 상황을 원망하는 말도 있고, 회피하는 말처럼 시시한 말도 있을 거다. 괜찮다. 위기 때마다 도와주고, 재치 있게 해결해주고, 게다가 유머 감각이 있어서 편안함까지 주는 란초 같은 친구가 있으면 좋겠지만, 내가 스스로에게 이런 친구가 되어주어야 나를 끝까지 잘 이끌고 갈 수 있으니까.

그러니 좀 더 준비해도 좋을 것 같다. 힘들 때 어깨 두드려주기, 엉엉 소리 내어 울기. 가끔 남 탓하며 원망하게 내버려두기…. 그렇다고 문제가 다 해결될 리는 없지만, 효과는 분명히 있을 거다.

"괜찮다, 괜찮다, 괜찮다, 괜찮다."

미당 서정주 선생님의 '내리는 눈발 속에서는'의 시 구절처럼, 걸으면서, 하늘을 보면서, 아마득히 먼 곳을 응시하면서, "괜찮다, 괜찮다, 괜찮다"라고 해도 효과 있을 것 같다.

미래에 대한 걱정과 두려움이 많아서 손가락마다 신의 가호를 바라는 반지를 낀, 걱정 많은 현대인의 자화상 같은 '라주'가 란초에게 물어본 것은 사실 나도 궁금한 거였다.

"그래서('알 이즈 웰'이라고 해서) 그게 문제를 해결해줬어?"

란초가 대답했다.

"아니, 문제를 해결해나갈 용기를 얻었지."

그래, 나를 도닥이는 위로의 말 몇 마디가 모든 문제를 해결하진 못해도 해결해 나갈 용기를 준다면 썩 괜찮은 거다. 내가 준비한 마법 같은 말이 효력이 떨어져서 두려워지고 겁먹더라도 다시 "알 이즈 웰, 알 이즈 웰."

괜찮다, 괜찮다, 괜찮다.

우선 공감, 다음 할 말

**먼저 공감해주고 그 다음에 할 말 하는 사람.
그런 사람이 한 말이라면 쓴소리도 달게 들을 텐데.**

"여기 오는데 앞에 가는 사람이 피던 담뱃재가 날아와 눈으로 들어갔어요. 지금도 눈이 아프네요. 세상엔 정말 이상한 사람 많아요."

"이상한 게 아니라 매너가 없는 사람이네요."

"접촉 사고를 내놓고도 미안하다고 하기는커녕 내려서 쓰윽하고 내 차를 보더니 '정비소 안 가도 되겠네'라며 5만 원짜리를 주는 거 있죠. 제 차 뽑은 지 두 달 밖에 안 됐잖아요. 정말 기도 안 막히는 거 있죠. 무슨 껌 값 주는 것도 아니고."

"5만 원이 껌 값은 아니고…. 어쨌든 세상 참 웃기는 사람 많아요."

"웃기는 사람이 아니라 경우가 없는 사람이죠."

한 사람이 흥분하고 있다. 약속 장소로 오다가 담뱃재가 눈에 들어간 사건이 있었단다. 그는 그 상대를 '이상한 사람'이라고 표현했다. 그런데 흥분한 사람의 말을 듣던 사람은 흥분한 마음을 먼저 공감해주기보다 '이상한 게 아니라 매너가 없는 사람'이라고 굳이 어휘를 정정해준다. 아마도 상대는 '말' 정정보다 자신의 '맘'을 먼저 알아주었으면 하지 않았을까.

접촉 사고를 내고도 5만 원을 내민 무례한 사람에 대해 아직도 심장이 벌렁거릴 정도로 화가 난 사람이 있다. 누군가에게 상황을 이야기하려니 그 때의 분함이 더 올라온다. 접촉 사고를 당해 놀란 데다 새 차를 흠집 내고서 태연하게도 5만 원을 내미는 상황을 당하고 보니 5만 원을 껌 값이라 표현한 건지도 모른다. 그런데 그 말을 들은 상대는 말하는 사람의 '분한 감정'에 공감을 하지 않고 5만 원이 껌 값은 아니라고 '객관적'인 돈의 가치를 말한다.

상대가 흥분했거나 감정적으로 불안할 때 그가 사용한 어휘의 적절성을 바로 잡기보다 먼저 하면 좋은 말이 "그랬군요." "그렇구나"라는 공감언어가 흥분과 불편한 감정을 어루만져주는 특효약인 걸 알지만 이게 잘 안 될 때가 있다. 과잉 리액션까진 아니더라도 상대의 말을 일단 받아주기. 상대방 어휘나 표현이 살짝 이상해도 정정하려 하기보다는 상대의 감정을 먼저 알아주기가 말처럼 쉽지 않다. 그래서인지 말을 곧바로 받아치는 것과 받아주는 것의 차이가 사람 관계의 간격을 좌우하는 것 같기도 하다. 우선 공감한 후다음 할 말을 하면 어떨까,

"참 웃겨요." 이 말에 굳이 삭막하다는 말을 꼭 하고 싶다면 이렇게 하는 거다.
"그쵸. 참 웃기고 삭막해요."
받아주는 것과 되받아치는 것의 차이는 크다.

A: 이상한 사람 많아요.

B: 그렇네요. 이상한 사람들 많은 것 같아요.

B: 이상한 사람이 많은 게 아니라(그게 아니라) 경우가 없는 거죠.

B의 선택에 따라 상대의 불편했던 감정이 편안해질 수도 있고, 더 불편해지면서 말꼬리 잡기 같은 소통이 될 수도 있다.

내 말을 즉시 빨간 펜으로 첨삭해주는 사람에게는 반감이 생기면서 '내 말이 무슨 말인지 몰라서 저러나?'라는 서운한 마음도 든다. 내쳐진 느낌이 들며 그만큼 멀어진다.

"지금도 자꾸 그게 아니라, 그게 아니라 하면서 제 말이 아니라고 하잖아요."

"그게 아니라."

"그게 아니라가 아니죠."

남의 대사 같지 않아서 자꾸 연습한다.

"아, 그랬군요." "정말, 그렇네요." "어머, 화 많이 났겠어요."

"아, 그렇구나."

나도 '공감 먼저' 받고 싶어서다. 그런 후라면 상대의 다음 말이 더 잘 들릴 것 같아서다.

그런 줄 알고는 있었지만 진짜 그럴 줄 몰랐어

"그런 줄 알고는 있었지만 정말…."
말줄임표에 들어갈 말이 궁금하다.

'아' 다르고 '어' 다른 사례가 참 많다. 말의 섬세함을 보여 주는 방증이다. '아'와 '어'의 한 음절 차이가 말 전체를 다르게 하니 말 한 마디의 차이는 더 클 수밖에 없다. 최근에 들은 말 중에서 찾아낸 말의 섬세함으로 "그런 줄 알았더니"가 있다.

알래스카 여행을 다녀온 후배가 선물을 들고 온 게 계기였다. 선물은 내가 모으고 있는 관광 마그네틱이다. 냉장고 문 윗면에 여행지 마그네틱을 붙이는 게 오래된 취미인 것을 기억하는 후배가 2개나 가져왔다. 마침 나도 알래스카에 다녀온 터라 빙하며, 크루즈의 이곳저곳이 눈에 그려지는 듯 선한데, 입담 좋은 후배의 알래스카 크루즈 여행기를 듣자니 더 생생하다.

9일의 일정을 파노라마처럼 펼쳐 들려주던 후배가 눈을 감고 감동어린 마무리를 했다. "그런데 선배 블로그에서 이미 사진으로 봐서 좋은 줄 알았지만 그 정도로 좋을 줄은 몰랐어요. 와, 크루즈 안은 진짜 즐길 것, 먹을 것 천국이더라구요." 그러곤 덧붙였다.
"진짜 그런 줄 알고는 있었지만 진짜 그렇더라구요."

말이 조금 재미있다 싶다. 그런 줄 알고는 있었지만 진짜 그렇더라는 말.
"아, 그 말 재밌네. 기대했던 대로라는 뜻도 되고, 기대했던 이상이라는 말도 되네."
"선배님은 아무튼 못 말려요. 그렇네요. 진짜 기대 이상이었어요. 근데 선배, '그런 줄 알았지만 진짜 그럴 줄 몰랐어'도 있네요. 엄청 실망스러울 때 그런 말 쓰잖아요."

후배는 "하긴 말 잘 골라 쓰는 건 자기 신상에 좋긴 해요. 요즘 같이 말판이 어수선할 땐 특히요"라고 말한다. 역시 재치와 센스 넘치는 후배. '쿵' 하면 '짝' 할줄 아는 후배다. 우리의 차 마시는 시간이 길어지면서, '그런 줄 알았지만 진짜 그럴 줄 몰랐어'라는 말은 최소한 듣지 말아야 나잇값을 하는 거 아니겠냐는 데 마음을 모았다.

그런 줄 예상을 했지만 예상대로 좋은 일도 있고, 예상대로가 아니어서 더 좋은 일이 있다. 내가 상대에 대해 부정적 정보가 있었는데 그 예상을 벗어나는 반전이 많았으면 좋겠다. "고집이 센 줄은 알았지만 끝까지 해내네"도 좋고, "자기만 아는 줄 알았는데 그런 것만은 아니었네"도 좋다.

나에 대한 다른 사람의 정보는 어떨까? 나에 대해 다른 사람은 어떻게 생각할까? 타인을 의식하는 것이 마치 주체성 없는 것인 양 오해한 적도 있다. 하지만 자존감에 대한 책을 쓰면서 확인한 게 있다. 자신을 사랑하고 존중하는 사람은 타인의 시선과 생각도 존중한다는 것. 그런 사람이 진짜 자존감이 높은 사람이라는 것이다.

살면서 '꼭 나 같은 사람 만났으면 좋겠다'는 인생 목표도 괜찮을 것 같다. 그러면 내가 나를 볼 때 못 보던 객관적인 모습을 다른 내가 보며 주관에 빠지지 않을 테니까. 타인이 나를 보는 관점과 정보를 의식하지 않는다면, 나는 내 멋대로인 나를 합리화하려고 할 테니까.

지난 시간 동안 만나고 헤어지고 스쳐간 사람들이 본 나는 어쩔 수 없더라도, 지금부터 만나고 관계 맺는 사람들이 수집하는 나의 정보가 근사했으면 좋겠다. 그 정보가 '그런 줄'이 될 것이다. 그 다음 목표는 그 정보를 실망시키지 않는 것이다.

"그런 줄 알고는 있었지만 정말⋯."
말줄임표에 들어갈 말은 '훌륭한' '멋진' '똑똑한' '합리적인' '신중한' '매너 있는' 등이다. 나는 그런 사람이 되고 싶다. 그런 줄 알고 있었지만 더 괜찮은 사람.

내가 만나고 싶은 사람도 그렇다.
"그런 줄 알고는 있었지만 알고 보니 훨씬 더 따뜻하고, 긍정적이고, 배려심 있고, 인격적이고…."

생각만으로도 꽉 차오르는 느낌이다. 놀라운 건 이 모든 것을 보여주는 데 '말'이 중심에 놓인다는 것이다. 더 말해서 무엇하랴. 결국 말이다.

입매를 가다듬는 연습

거친 말하며 입매 단아하기 어렵다.
매무새 다듬듯 오늘도 입매를 다듬는다.

눈은 마음의 창이라고 한다. 상대방의 눈을 제대로 바라보지 않으면 그 사람의 마음에 뭔가 숨기는 게 있거나 거리낄 것이 있다고 여길 정도다. 그래서인가, 눈을 보면 그 사람의 마음을 알 수 있다고도 한다. 이런 말을 들으면 나는 전적인 동의보다 반쯤만 동의한다. 어쩌면 내 버릇 때문인지도 모르겠다.

나는 사람을 만나면 눈은 인사할 때만 잠시 보고, 바로 코 주변에서 입술 언저리, 인중을 잘 본다. 이야기를 나누기 전까지는 그렇다. 예외가 있긴 하다. 아이들과 만나면 다르다. 나는 아이들의 눈을 본다. 유치원과 어린이집에 자주 방문해서 아이들과 만날 일이 아주 많다. 나는 아이들의 이름을 부르고 눈을 보는 게 좋다. 그러니까 사람을 만나면 눈을 안 본다는 내 이야기는 일부만 맞는 말이 된다. 만약 아이들과 심도 있게 대화를 한다면 아이의 눈에서 입술로 눈길을 옮길지도 모르겠다.

사람과 만나 대화를 하다보면 각자마다 입매가 다양하다. 야무진, 시니컬한, 따뜻한, 부드러운 입매. 뭐니뭐니해도 입매는 말의 내용과 그 사람의 컨디션 등 모든 걸 담고 있다. 눈이 예쁜 사람을 부러워한 적은 없어도 입매 예쁜 사람을 부러워하는 건, 나 따라올 사람이 없을 거라고 자타가 공인한다. 남의 입매에만 관심이 있는 게 아니다. 그보다 사람들과 말하는 동안의 나의 입매가 사실은 훨씬 더 많이 궁금하다. 심지어 말하지 않을 때의 평소 입매까지도.

강연을 하면서 동영상을 종종 찍는다. 그 동영상을 보거나, 방송 후 유튜브에 올라온 동영상을 볼 때가 있다. 그럴 때 다시 느낀다. 말할 때 입매는 그 사람의 많은 것을 보여준다고.

짜증내는 말, 화나서 하는 말, 누군가 못마땅해서하는 말 모두를 입술은 정확하게 그대로 보여준다. 궁금하다면 영화나 드라마를 볼륨을 낮추거나 무음으로 하고 보면 확인할 수 있다.

몸매가 있고, 눈매가 있듯 입매가 있다. 특히 입매는 말하는 사람의 모든 것을 보여주지만 말을 할 때 입매가 예쁘기가 쉽지 않다는 걸 안다. 왜냐하면 그냥 정지된 게 아니어서다. 예를 들면 사진을 찍을 때 스마일이든, 김치든, 치즈든 입모양을 최대한 예쁘게 하고 찍으려 노력하지만 그 예쁜 상태를 유지하기도 쉽지 않다. 연출하며 정지할 때도 그럴진대 말할 때는 말 따라 입술 모양도 대단히 빨리 움직이니 입매를 내 의지대로 하는 게 쉬울 리 없는 것이다.

입술은 미처 연출할 시간 없이 말 내용에 따라 감정에 따라 그대로 투명하게 보여준다. 고운 말, 예쁜 말, 아름다운 말, 긍정의 말, 행복의 말, 이런 말을 할 때는 입매가 그에 따른다. 느낌을 여과 없이 보여주면서 입매는 그 사람의 말의 내용을 담는다.

화내면서 입매 단아하기 어렵다.
폭언하면서 입매가 고울 리가 없다.

중요한 자리에 들어가며 매무새 다듬듯 말할 때 입 매무새 다듬어보는 것. 그런데 이게 정말 어렵다. 말은 속사포 같아 매무새를 다듬을 겨를이 없기 때문이다.
나는 지금도 제일 어려운 것 하나를 꼽으라면 입매 바르게 말하는 것이다. 마치 걷다가 잠시 매무새 다듬듯, 허리 바르게 펴고 걷는지 확인하듯 입매를 의식해도 여전히 어렵다.

나의 입매 관심 덕에 그나마 방법 하나를 찾아냈다.
말의 쉼표, 마침표, 느낌표, 물음표에 잠시 한 템포 쉬며 입 매무새 한 번 가다듬는 것이다.
설령 화가 나서 "야"라고 소리 질렀어도 잠시 입 매무새를 다듬으면 다음 말은 최소한 다듬을 수 있다. 해 보니 아주 조금은 되는 듯하다.

결국 입매를 중요하게 생각하는 나의 버릇은 좋은 말을 주고받고 싶은 마음에서 나온 것 같다. 이쁘게 말하고 싶은 마음에서 나온 것이 분명하다. 잘 안 되어도 쉽게 포기하지 말 것. 노력할 것. 입매에게 하는 말이다.

마을에서 '제일' 예쁜 집 주인

인생에서 제일 좋은 시절이 '오늘'이라고 말했다.
그랬더니 좋아지더란다. 다 좋아지더란다.

P선생은 말했다.

"마을에서 제일 예쁜 집을 찾으시면 돼요."

주소대로 찾으면 될 집이지만 '제일 예쁜'을 예쁘게 강조

하는 P선생의 음성이 듣기 좋아서 나는 전화를 끊지 못하

고 말을 걸었다.

"제일 예쁜 집요?"

"네, 정말 제일 예뻐요, 우리 집."

어느 날 홀쩍 "이번 학기만 강의해요"라고 하는 바람에 우리를 놀라게 했던 P선생은 그 다음 학기 종강을 몇 주 앞둔 만추 무렵, 이사를 갔노라며 집에 놀러오라는 전화를 했다.

그녀가 전화를 끊기 전 덧붙인다.
"혹시 중간에 다른 예쁜 집과 헷갈릴지 모르니 길 끝까지 오세요. 그러면 언덕 제일 높은 곳에 우리 집이 있어요."
난 그 말에 결국 웃었다. P선생이 말한 동네에서 제일 예쁜 그녀의 집은 결국 그녀 눈에 제일 예쁜 집일 거란 생각이 들어서였다. 귀여운 P.
부모에게 물려받은 것 딱히 없는 그녀가 그동안 대학 강사를 하며 혼자 모은 돈이 얼마나 될 거며, 돈 조금 모이면 여행 가는 게 행복이라던 그녀가 아끼고 아껴 모은 돈으로 집을 지었다면 얼마나 '제일' 잘 지었으랴 싶었는데, 자꾸 세상에서 제일 예쁜 집을 강조하다가는 마지막에 '다른 예쁜 집'과 헷갈리지 말라고 당부하는 걸 보니 그녀 눈에(만) 제일 예쁜 집이겠구나 싶었다.

최고, 제일…. 이런 과장 섞인 말에 이물감을 느끼지만, 그날 P선생의 '제일'은 왠지 좋았다. 같은 말이라도 누가 쓰느냐에 따라 다르구나.

'제 눈에 안경'이란 말이 있다. P가 본 자신의 집이 그랬던 것 같다. P의 집은 동네에서 제일 예쁜 건 아니고, 제일 작았다. 우린 만나 껴안으며 웃었다.

"제일 예쁘네."

"그쵸? 제일 예쁘죠?. 선생님은 제 표현 알아주실 줄 알았어요."

그녀의 집 옆에는 들어가 무릎 꿇고 기도하면 착해질 것 같은 느낌이 드는 작은 교회가 있었다. 그 교회 뜨락에서 P는 말했다.

"요즘은 제일이란 말을 제일 많이 써요. 사실 저 조금 아팠어요. 온 몸 구석구석 결절이 너무 많이 생겼다는 거예요. 지지난 학기부터 그랬어요."

아, 그랬구나. 갑자기 그만둔 게 아니었구나. 밝고 환하던 P선생이어서 알아차리질 못했다.

"지금은 많이 좋아졌어요. 우선 공기 좋은 데서 지내는 게 '

제일' 중요해서요. 아, 지금도 '제일'이란 말 썼죠?"

생각해보니 그간 알고 지내는 동안 그녀는 과장됨이 없었던 것 같다. 말도, 행동도, 표정도 환하지만 잔잔한 그녀였다. 말을 나누면 평온을 느끼게 하던 P였다.

이제 많이 좋아졌다는 그녀가 들려준, '제일'을 제일 많이 쓰게 된 사연은 이랬다.

"다 제일 예쁘고, 다 제일 좋은 거고, 다 감사한 거였는데 마음으로 못 본 거였어요. 그동안은 전임 교수가 안 되어서 속상하고, 노력하는 만큼 안 된 것도, 이룬 것도 없고, 인정받지 못한다는 억울함이 들었는데 아파보니 알게 되었어요. 인생에서 제일 좋은 시절은 오늘이고, 제일 좋은 건 지금 가진 거라 깨달으니까 다 제일 좋은 거예요."

그랬더니 좋아지더란다. 다 좋아지더란다.

그녀가 내놓은 제일 예쁜 컵에, 제일 맛있는 차를 마시며, 제일 예쁜 우리 둘이 이야기를 나눴다. 제일이란 말을 '우리 둘이'라는 말 앞에 붙였는데도 어색하지 않다. 아무데나 써도 어색하지 않았다. 그녀의 제일 예쁜 작은 집, 그 집 앞에서 있는 제일 예쁜 P선생, 그리고 등 뒤로 물들던 제일 예쁜 노을을 뒤로 하며 상경하는데 문득 드는 생각.

지나고나서야 겨우 알게 되는 최고의 순간을 표현하는 제일이란 말을 나도 P선생 따라 많이 해야겠다고…. 이참에 말해볼까.

"인생에서 제일 예쁜 시간이구나."

사람과 사람 사이에
말이 있다

거기, 거기, 아니 거기

**"제가 그 이후엔 '거시기'란 말 절대 안 씁니다.
맘 조급하게 먹지 말고 말하는 게 중요합디다."**

손주 육아를 하시는 조부모님 강연을 가면 할아버지, 할머
니들께 배우고 오는 게 많다. 손주 육아에 대한 어쭙잖은 나
의 지식 몇 가지 공유하곤 오히려 그분들로부터 배워오는
게 훨씬 많다. 지금부터 하는 이야기가 그 중 하나다.

황혼 육아 강연을 듣고 강연 소감을 발표하는 시간이었다.
일반적으로 조부모님들은 발표를 하실 때 메모지에 쓴 것

을 들고 나와 발표를 하시는 경우가 많은데 한 할아버지께서 맨 손으로 나오셨다. 그리고 이렇게 운을 떼셨다.

"제가 자꾸 단어를 까먹어요. 그래서 손주한테 말할 때 '거시기'라고 많이 했나봅니다. 어느 날 손주가 저랑 놀다가 뭘 갖다 달래요. 그래서 '뭘 갖다 달라는지 정확히 말해야 할애비가 알아듣지?'라고 했어요. 그랬더니 '아, 할아버지, 거기, 그쪽, 거시기'라고 하는 겁니다. 그때 제가 퍼뜩 깨달은 게 있어요. 손주 녀석이 이 할애비가 쓰던 말 습관을 그대로 따라하는 거예요. 그래서 제가 '야, 녀석아. 할아버지는 나이를 먹어서 까먹지만 너는 한창 머리를 써야지, 거기, 저기, 거시기가 뭐냐'라고 하긴 했는데요. 제가 깨달은 바가 많았습니다."

나는 할아버지의 이야기를 들으면서 앉아 있는 청중을 보았다. 공감의 분위기로 가득했다.

할아버지가 말씀을 이었다,
"그래서 제가 그 이후엔 '거시기'란 말 절대 안 씁니다. 손주 입에서 '거시기'란 말이 나오니까 거 듣기 안 좋습디다. 지금만 쓰고 안 씁니다, '거시기'."

왁자하니 웃음이 나왔다.

"저기, 여기, 이쪽이란 말도 잘 안 쓰려고 노력합니다. 오늘도 제가 메모장을 안 가지고 나온 건 자꾸 머리를 쓰고 기억을 활성화시키려는 뜻인데 혹시 제가 기억이 안 나서 더듬거리더라도 양해를 구한다는 말씀 올리려다 이렇게 말이 길어졌습니다. 서론이 길어져 죄송합니다."

청중석에서 박수가 터져 나왔다.

"괜찮아요. 좋아요."

우리는 이후 조부모의 말 습관에서부터 나이를 먹으면서 생긴 '깜빡깜빡 병'에 대해 이야기를 진행했다.

나이 들면서 명사가 자꾸 떠오르지 않아서 낭패라던 할머니. 그러다보니 당신도 자꾸 "거기, 거기, 아니 거기"를 쓰신단다.

"그래놓고는 제가 손주를 혼내는 거예요. 말귀를 못 알아듣는다고. 그랬더니 손주가 '할머니 같아도 못 알아들을 걸?' 그러더라니까요."

주옥같은 경험담과 지혜들이 할머니, 할아버지들로부터 나왔다. 손주한테 언어 모범을 보여야 한다는 이야기, 애들 앞에서는 말 한 마디도 가려 써야 한다는 이야기, 조부모가 키우는 손주들 말하는 걸 보면 꼭 할머니, 할아버지 말투 닮으니까 더 조심해야 한다는 이야기.

어찌 할머니, 할아버지 뿐이랴. 할 말이 급할수록 자꾸 명사보다는 나오는 대로 말하다보니 나이 불문하고 "그거, 여기, 거기, 아니 거기라니까"라고 하며 다그치는 사례도 심심찮다. 할 말도 많고, 바쁘니까 말도 급해져서 그렇다. 문제는 그렇게 말해놓고 상대한테 말귀 척척 못 알아듣는다고 뒤집어씌우기도 한다. 알아듣게 말하는 것이 먼저인 줄 알면서도 말이다.

"어제 할아버지가 『치매에 걸리지 않는 법』이라는 책을 사오셨다. 그런데 오늘도 또 사오셨다. 이런 이야기 인터넷에서 보고 아차, 했거든요. 지금부터 그거, 그거 대신 단어를 떠올려 말해 버릇해야 해요. 그러려면 맘 조급하게 먹지 말고 말하는 게 중요합디다."
이 글을 쓰면서도 영화 제목, 책 제목, 사람 이름이 안 떠올라 혼자서 "그거, 그거 뭐더라?"라고 하던 나도 명심해야 할 말이다. 기억력은 어쩔 수 없더라도 할 말이 급해서 '거시기'로 통일하면 그건 좀 아니다 싶다. 듣는 사람을 배려하고 의식한다면 도움이 될 것 같다. 기억력 감퇴가 문제가 아니라 상대방에 대한 배려가 문제일 경우가 많으니까.

가짜 꽃이 가짜 꽃이 아닌 이유

"가짜, 진짜 따로 없어요. 진짜 맘을 담으면 그게 진짜지."
"마음을 담으면 이미 가짜와 진짜의 경계를 넘어선 거지."

친구가 아버지를 뵈러 간다고 한다. 친구의 아버지는 몇 달
전에 돌아가셨다. 같이 점심식사를 하고 산책 겸 나섰다가
과자를 먹게 되어서였는지 아버지에 대한 이야기를 하게
되었다. 먼저 친구가 들려준 아버지에 대한 추억.

"아빠는 퇴근하면서 항상 우리 간식을 사오셨어. 우리 세남
매는 아빠를 기다린 게 아니라 아빠가 들고 오시는 과자봉
지를 기다린다고 엄마가 그러실 정도로."

누구나 그렇듯 아버지에 대한 추억 몇 가지가 있다.

나는 콩 껍질이 목에 걸린다며 콩을 싫어하는 딸에게 콩 껍질을 벗겨주던 아버지에 대한 추억. 친구는 아빠가 퇴근길에 들고 오신 과자의 추억. 친구 아버지는 가족 기념일에는 꽃도 사오셨단다.

아버지 산소에 다녀온 어느 날 만난 친구는 생화가 몇 날 며칠 갔으면 좋겠다고 했다. 정성껏 준비한 꽃이 얼마 못가 시든 채 아버지 산소에 있을 것을 생각하면 마음이 아프다고 했다. 몇 주 후 친구는 엄마와 조화를 사러 간다고 했다.

"할 수 없지 뭐. 가짜 꽃이지만 할 수 없잖아."

친구는 '할 수 없지'라는 말을 강조했다. 생화가 최선이라면 조화는 차선이라도 되어야 할 텐데 친구는 여전히 조화에 대해 거부감을 가진 듯했다. 조화가 차선이란 느낌도 담지 않은 건 '할 수 없지'와 '가짜 꽃이지만'이라는 말의 조합 때문이었다.

친구가 조화를 사러 다녀온 그날 밤, 우린 통화를 했다.

엄마와 같이 조화를 사러 갔는데 정말 너무도 다양하고 예쁜 조화가 많더란다. 고르기 힘들 만큼 말이다. 조화를 사고 전철을 타고 오는데 옆에 앉은 할머니가 꽃이 예쁘다고, 다음에 당신도 영감님한테 그런 꽃 사가고 싶다며 어디서 샀느냐고 말을 걸어와서 친구는 꽃 이름과 가게 이름을 알려드리며 이렇게 덧붙였단다.

"그렇죠? 가짜 꽃이지만 진짜처럼 예뻐서 저도 놀랐어요. 진짜 같아요."

이 말에 할머니가 눈길로 꽃을 어루만지듯 보시더니 하신 말씀.

"가짜, 진짜 없어요. 진짜 맘을 담으면 그게 진짜지."

이 말에 친구 엄마도 꽃을 어루만지며 이렇게 이야기하더란다.

"그렇네요. 진짜도 맘이 없으면 가짜잖아요. 이게 오죽 예쁜가요."

친구는 아버지가 돌아가시고 최소한 한 달 정도는 생화가 시들기 전에 꽃을 놓아드려야지 다짐했는데 그게 어디 맘대로 될까. 그러니 할 수 없이 가짜 꽃이라도 자주 바꿔 놓아드리겠다고 하면서도, 너무 쉽게 아버지를 잊고 자신의 일상만 아는 것 같아 마음이 아팠던 터에 엄마와 할머니의 선문답 같은 이야기에 마음이 놓이며 눈물이 핑 돌더란다.
그리고 조화에게 미안했다고. 가짜라고 했던 것도.

오늘은 친구가 조화를 들고 아버지께 가는 날이다.
아버지가 예전에 자식에게 주려고 '과자'가 든 검정 비닐봉
지를 들고 왔듯, 친구의 손엔 아버지께 드리려는 '꽃'이 들
려 있을 것이다.

"비닐봉지에 든 과자든, 조화든, 마음을 담았다면 그건 더
이상 물질로만 설명될 수 없는 마음이 깃들여진 또 하나의
무엇이 되는 거지. 거기에 마음이 함께하면 말이지."

친구의 말인 듯, 누군가의 말인 듯 들려오는 듯해 나도 화
답했다.
"진짜 그래. 마음을 담으면 이미 가짜와 진짜의 경계를 넘
어선 거지."

웃음 보약 한 재

"바쁠 땐 자신도 모르게 표정이 무거워져. 별 생각 없이 많이 웃으라고."
말의 정성 가득한 웃음 보약 스무 첩 효과.

그날은 엄마께 드릴 보약 이야기가 발단이 되어 동생의 보약에 관한 추억이 화제가 되었다. 위로 손녀 둘을 본 할머니는 남동생에 대한 편애가 대단했다. 간식은 물론 귀하디귀한 보약을 동생은 철철이 먹었다는, 아니 먹였다는 기억이다. 고마운 줄 모르는 어린 동생은 보약을 앞에 놓고 안 먹겠다고 떼 부리기 일쑤라서 할머니는 손주를 살살 달래며 보약을 먹게 했다. 동생을 달래던 할머니의 말솜씨는 기막혔다. 사랑하면 그렇게 되는 건가.

"약 써서 안 먹을 거야." 떼 부리는 남동생.

"우리 손주, 뭐를 제일 좋아해?"라고 하던 할머니.

"응, 축구."

"아이구, 우리 강아지. 축구 좋아해? 축구 잘하려면 몸이 튼튼해야겠네."

그러면 고집쟁이 동생이 눈을 꿈벅이며 잠시 망설이다가 "알았어. 할머니"라고 하며 보약을 응시했다. '이심전심'이라더니 말이 통하나보다 싶은 순간, 동생으로 하여금 보약을 그야말로 '원샷'하게 한 할머니의 한 말씀.

"축구공 들어간다, 들어간다."

그럼 동생이 보약을 꼴딱꼴딱 마시고 빈 약사발 들어올리며 "할머니, 슛 꼬~린(골인) 했지?"라고 했다. 동생은 한 방울도 안 남기고 다 마셨다. 할머니와 손주 둘이 "할머니, 나 잘했지?" "어이구 내 새끼. 잘했다, 잘했어"라고 하며 웃고 박수까지 치는데, 언니와 나는 하나도 안 웃겼다. 그야말로 웃기지도 않았다.

"할머니하고 너, 진짜 웃기지도 않았어"라며 웃다가 얼마

전 은사님이 보내주신 보약 한 재가 떠올랐다.

문학상 시상식 초대 편지에 별지의 종이가 접혀 있었다. 펼쳐보니 '웃음 보약 한 재 드려요'라고 씌어 있었고. 그 아래로 스무 개(보약 한 재가 스무 첩이다)의 난센스 퀴즈와 답이 은사님의 달필로 씌어 있었다. 나는 뭉클해져 스무 첩을 천천히 읽어 내려갔다.

늘 근엄하고 말을 아끼던 은사님. 웃음보다는 진중함으로 기억되는 은사님께서 보약 한 재로 보내신 게 허허실실 웃기는 난센스 퀴즈라니. 하지만 난센스 퀴즈와 답을 보면서 뭉클함은 곧 웃음이 되었다. 얼마나 크게 웃었는지 모른다. 전화를 드리는 중에도 웃음이 나왔다.

"임 선생, 많이 바쁘지? 바쁠 땐 자신도 모르게 표정이 무거워져. 그냥 별 생각 없이 많이 웃으라고."

할머니의 보약과 은사님이 보내준 보약 한 재는 닮았다. 손주를 건강하게 하고픈 마음과 제자에게 웃음으로 건강을 주고 싶은 마음.

난센스 퀴즈의 맛은 언어의 유희다. 언어를 이토록 재밌고 맛깔나게 조합하다니 싶다. 우리말과 외국어의 결합은 물론이고 철자법, 동음이의어의 조합, 연음 법칙을 활용한 경우 등 놀랍고 재미있다. 그뿐인가. 말 중에서도 웃음 효험을 내기 위해 말의 요모조모에서 뽑아낸 재료의 함량을 재고, 적절히 조제해 웃음 보약을 지은 게 분명하다.

아무 생각 없이 멍 때리고 싶어도 복잡한 생각이 꼬리에 꼬리를 물어 지치게 할 때, 할 일은 밀려드는데 하기는 싫을 때, 열심히 뛰었는데 지하철 문이 막 닫혀 타지 못할 때, 누군가 나를 툭 치고 사과도 없이 지나칠 때, 화나고 재미없을 때, 인생 괜히 쓸쓸하고 무기력해질 때 이런 난센스 퀴즈 어떨까?

'형과 동생이 싸우는데 동생 편만 드는 세상은? 기름이 배달되는 데 걸리는 시간은? 닭이 스키니 진을 입으면서 하는 말은? 차문을 세게 닫으면 안 되는 이유? 2등을 추월하면 몇 등?'

참, 난센스 퀴즈를 낼 때 원칙이 있다. 문제를 내고 상대를 너무 오래 생각하게 하지 않기다. 답을 알아내느라 복잡하게 만드는 건 반칙이다. 듣는 사람에게도 원칙이 있다. 웃자고 낸 퀴즈에 죽자고 안 웃거나, 답을 알고 나서 바로 "뭐야?"라는 표정 짓지 않기다.

어쨌든 일단 웃기. 보약이 효과 있을 거란 믿음을 갖고 쭈욱 마시듯, "아하하하" 크게 웃어야 웃음 보약이 효과 있을 테니. 웃자고 한 말에 크게 웃으면 내가 건강해질 테니. 말도 약도 알고 보면 정성이란 생각에 괜스레 좋아진다.

말 보약 한 재, 나도 한 번 지어볼까?

누우면 생각나는 '그 말'들

글자는 지울 여유가 있고 다시 읽고 고칠 수도 있지만,
말은 한 번 하면 고칠 수도 없어 우리를 더 후회하게 한다.

백색 소음이 원고 쓰기에 도움이 된다는 말을 하는 내게 백색 소음과 그렇지 않은 소음의 차이가 궁금하다고 친구가 물은 적이 있다.

백색 소음은 그저 소리들로 섞여 내게 아무 영향을 미치지 않는 것. 마치 좋은 배경 음악과 같은 영향을 미치는 것, 나는 그걸 백색소음이라 했다. 하지만 백색 소음에도 불구하고 나의 온 정신을 빼앗을 정도로 옆의 사람들 말이 아주

잘 들릴 때가 있다. 대체로 미소 짓게 만드는 말들이다. '사람 사이에 있는 게 너무 좋다'라고 느끼는 또 다른 백색 소음이랄까?

그러면 나는 잠시 노트북에서 눈을 떼고 창밖을 보면서 망중한을 즐긴다. 어떨 땐 나도 그 대화에 섞이는 것 같고, 내 이야기를 짚어서 하는 것도 같아 공감하며 절로 감정이입이 된다.

그날 그들의 대화에는 20대의 내가 있었다. 자의식 강하던. 남의 눈이 의식되어 신경이 쓰이던. 아직은 사회 초년생이라 눈치도 보고, 조심할 것도 많았던. 잘 하고 싶고, 잘 안 되면 괴로워하던. 밤이면 낮에 한 말들을 되짚어 보던. 일기에 그날 한 말을 돌아보며 때로 자조와 꾸짖음으로 채우던.

"너도 그런 적 있어? 누우면 마구마구 생각나는 말?"
"있지. 많지."
"정말 그럴 땐 자다가 벌떡 일어난다니까."
"그치, 그치. 완전 '하이킥' 감이야 정말. '그 말 하지 말걸'라는 생각이 들면 진짜 화나."

"그런데 왜 그런 거지? 말하고 싶어 한 맺힌 사람 같이."

"그치? 남의 이야기 잘 들어주며 맞장구나 쳐주면 그런 일 없잖아."

"맞아, 맞아. 밤에 자려고 누우면 나 오늘 왜 쓸데없는 말을 했을까 하는 생각 때문에 괴로운 게 더 문제야. 누우면 낮에 한 말들이 막 떠올라 화날 때도 있어."

"너도 그래? 왜 그런 말을 했을까? 왜 그렇게까지 말을 했을까? 완전 내 내부를 다 보이는 말을 했을 땐 '악' 소리 나게 괴롭다니까."

두 사람의 말 반성문 쓰기는 계속 됐다.

"우리 오늘밤 또 후회하는 거 아냐?"

"응? 왜?"

"너무 말 많았다고?"

"우리 별 말 안했잖아?"

"아하, 별 말이 문제네. 별 말을 조심하면 되겠다. 그치?"

"그렇네. 말하고도 후회하지 않을 말만 하면 좋은데."

"맞다. 에너지 뱀파이어처럼 하는 말도 그래. 그치? '나 너무 많이 힘들어' 이런 이야기도 좀 줄여야 돼."

"맞아. 나도 힘든데 기분 좋게 만나 해소하려고 만난 건데 남의 기 뺏는 말은 안 하는 게 좋지. 우리도 그런 사람 만나기 싫잖아. 기 뺏기니까."

둘은 서로 자신의 말 때문에 밤이면 스스로를 '하이킥' 하고 싶다고 했지만, 지금은 서로의 말을 공감하고 서로를 위로하고 또 격려하고 있었다. "그치" "맞아"라고 주거니 받거니 하며.

'주거니'를 자판으로 빨리 치다보니 '죽'이 나온다. 글자만 실수가 있을까? 말도 빨리 하다보면 발음도 새고, 내 의지와 상관없는 엉뚱한 말이 나온다. 글자는 지울 여유가 있고, 다시 읽고 고칠 수도 있지만 말은 한 번 하면 고칠 수도, 없앨 수도 없어 우리를 더 후회하게 한다. 말은 내가 했어도, 하고 나면 내 말이 아닌데다 주워 담을 수도 없으니 후회하지 않을 말을 한다는 건 좀처럼 어렵다.

그래도 밤에 자려고 누웠는데 낮에 한 말이 떠올라 벌떡 일어나 후회하고 싶지 않은 사람이라면 세상 잘 살 것 같다는 생각이 들었다. 말의 가치를 알고 잘 쓰려고 노력하는 사람이란 뜻 아닌가. 그런 사람들 사이에 섞여 있다는 게 문득 안심이 된다.

누우면 생각날 말이 빙긋, 웃음 지을 말이어야 한다는 내 옆의 사람들 말에 나도 입가에 미소가 지어진다. 어떻게 저렇게 젊은 나이에 귀한 지혜를 깨달았을까. 부러웠다. 백색 소음은 역시 좋다. 사람 사이에 있는 게 좋다.

할 말을 하려면?

**말로 감정을 전할 수 있지만,
감정적인 말로는 어떤 것도 전달할 수 없다.**

"너 때문에 흘렸잖아." 젓가락으로 반찬을 짚던 일곱살 아이가 옆에 친구가 건드려서 반찬을 흘렸다고 한다. 알고 보면 자신의 실수인데 괜히 옆 친구 핑계를 댄다. 옆에 있던 아이가 "아니거든"이라고 해도 인정하지 않는다. 심지어 자신의 수저를 던지고 울기도 한다.

반면 아이들 중에도 문제가 생겼을 때 "선생님, 쟤가요~"라며 이르거나 "쟤 때문에요~"라고 핑계 대는 일이 적은 아이가 있다. 울음이나 떼 부리기, 징징거리기, 남 탓하기, 지적하기가 상대적으로 적은 아이가 있다. 그런 아이를 보면 부모가 잘 키워서인가(nurture), 천성인가(nature) 주의 깊게 관찰하며 뭐가 되어도 될 것 같아 사인이라도 받고 싶어진다. 그런데 놀라운 건, 이런 아이는 또래 친구들도 알아본다. 어떤 경우에는 아이들 사이에 문제가 생기면 그 친구를 찾아가 문제 해결을 요청한다.

아이들이 리더로 인정하고, 인정받는 아이일수록 문제 해결력이 뛰어나다. 친구와 대화로 풀어가거나 심지어 다른 아이들의 중재자가 되어준다. 아이들 사이에도 리더의 말은 영향력이 있다. 말 영향력이 있을 때 리더의 역할을 한다. 그런 아이들은 아직 어린데도 감정 조절 면에서 또래에 비해 뛰어나다.

유년기에는 감정 조절에 실패해서 무언가 던지고, 소리를 지르고, 나쁜 말도 하고, 심지어 친구를 때려도, 어린 아이에게 책임까지 묻진 않는다. 발달 단계상 아이들은 감정뇌인 변연계는 100% 완성되었지만 이성뇌인 전두엽 발달은 걸음마 시기임을 아는 까닭이다. 감정 조절에 실패해도, 본인이 잘못해놓고 핑계를 대도 어느 정도 통한다. 아이의 경우에는 그렇다.

하지만 어른이 되면서는 아무도 용납하지 않는다. 소리 지르기, 심한 말, 폭력. 어떤 것에도 책임을 져야 한다. 아이들 세상에선 통할 수 있는 것도 어른의 세상에선 어림도 없는 일이 바로 감정을 잘못 표출했을 때다. 감정은 잘못이 없다. 다만 그 감정의 주인이 감정을 어떻게 다루었는지가 문제다.

살다보면 감정이 치밀어오를 때가 많다. 명명백백하게 상대방의 과실로 인해 치밀어오르는 감정도 있다. 하지만 "야, 너 때문에"라며 아이처럼 대놓고 원망할 수도, 소리칠 수도 없어 속을 끓이다가 더 감정적인 말이 폭발하듯 나올 수도 있다.

문제는 원인 제공이 무엇이었든 감정 조절에 실패한 사람이 책임져야 한다는 것이다. 리더일수록 잣대가 엄중하고 책임이 막중하다. 감정을 조절해야 할 당위성이 큰 사람일수록 책임자일 확률이 높다. 감정 조절 절차가 번거로울

수록 내 말이 그만큼 영향력 있다는 방증이다. 전두엽이 100% 발달된 어른 중의 어른이라는 의미다.

내 이성뇌인 전두엽에게 주는 말, 몇 가지 정리한 것을 공유해본다.

감정이 불안정할수록 목소리 높이지 않기. 불필요한 수식어 빼고 요점 말하기. 부글부글 끓을 때가 위험하니 최소 3초 후 말하기. 15초면 부정적 감정이 가라앉는다고 하니 화장실 가서 손 씻으며 정화(카타르시스)하기. 그런 후에 감정은 빼고 이성적인 말로 팩트 전하기가 그것이다. 어려울 수도 있다. 나쁜 감정은 통제불가 상태로 더 빨리 순간 '욱' 하고 치밀어오르기 때문이다. 하지만 이걸 조절 못하면 화나고 성질난다고 숟가락 집어던지는 아이하고는 비교할 수 없는 뒷감당을 해야 한다. 직급이 높을수록, 책임자일수록, 어른일수록 더 그렇다.

말을 잘하려면 부정적 감정을 뺄 시간을 갖는 것은 필수다. 말로 '감정'을 전할 수는 있지만 '감정적인 말'로는 어떤 것도 전달할 수 없다. 할 말도 못하고 책임질 일만 생긴다. 할 말 제대로 하기의 핵심으로 '감정 빼고 팩트 전하기'를 추천할 만하다.

"조직에서는 '욱' 하면 '악' 소리 나는 일을 경험해요. 뒷감당 가능한 말을 하는 거죠."
호주에서 변호사 일을 하는 지인은 온정신 차려야 온전하게 산다는 말도 덧붙였다. 뒷감당이란 말과 '욱'이란 말을 듣자 강압의 리더십 시대는 분명 끝났다고, 말의 중요성은 동서와 고금을 막론하고 커졌다는 것을 실감한다. 부드러운 말로 상대를 설득하지 못하는 사람은 위엄 있는 말로도 설득하지 못한다는 안톤 체호프의 말을 기억하자고, 상대 앞에서도 감당할 수 있고 뒷감당도 할 수 있는 말을 하자고 다시 내게 말해준다. 그래야 할 말도 제대로 할 수 있다. 성질만 내서는 할 말 못해서 손해고, 성질내며 말하다가는 그 말 때문에 내가 감정의 소용돌이에 빠져 익사한다. 아무리 해도 감정 조절이 안 될 때는 입을 다무는 게 낫다. 7세 반에서 배운 지혜다.

미스터 콜링

**인생에 행운을 부르는 말 한마디.
"제가 마땅히 할 일이죠."**

기업 강연에 가서 만난 대표는 한 직원을 이렇게 소개했다.

"'미스터 콜링'입니다."

의아해하는 내게 대표는 덧붙였다.

"이 친구는 사내에서 유명합니다. 어록이 있죠."

대표가 직원을 쳐다보며 말했다.

"'제가 할 일이죠'가 어록이에요."

아, 남자 직원의 어록이 '제가 할 일이죠'구나. 그를 칭한 '

콜링'은 콜링calling이었다. 나는 직원의 얼굴을 다시 봤다. 참 해사하다. 남자 직원의 얼굴을 표현하는 말로 해사하다는 말이 어울릴지는 모르지만, 내 느낌엔 그랬다. 맑고, 신뢰가 가는 단단한 모습.

직원이 나가고 우리는 티타임을 가졌다. 대표는 좀 전에 나간 청년을 사뭇 자랑스러워했다.

"우리 젊은 시절에도 정말 열심히 살았죠. 일하는 데 둘째 가라면 서러워라할 정도로 진짜 일중독이었습니다. 정주영 회장님처럼 일하고 싶어 빨리 아침이 왔으면 좋겠다는 정도는 아니어도 눈만 뜨면 아무 생각 없이 죽어라 일했습니다. 근데요, 저 친구를 보면 우리 때와는 다른 패기가 느껴져요. 일을 대하는 품격이 다르다고 할까요?"

일을 대하는 품격. 참 절묘한 표현이라 느끼며 나는 대표의 이야기에 빠져들었다.

미션mission과 콜링의 차이를 느낀 날이었다.

일을 대하는 품격이 좌우되는 용어는 "해야죠"와 "제가 할 일이죠"의 미묘한 차이다. 이 말 앞에는 어쨌든 당연히, 마땅히가 지문으로 처리되어 있다. 연극 대사라면 이럴 거다.

"(어쨌든) 해야죠."

"(당연히, 마땅히) 제가 할 일이죠."

이 말을 할 때 표정과 태도가 달라진다. 괄호 속 지문의 역할이 그런 것 아닌가. 말하는 사람의 동작, 표정, 심리, 말투, 태도를 지시하는 것이니까.

"해야죠"라고 말할 땐, 결심을 담은 것일 수도 있지만 마지못해 또는 하기 싫어도 해야 할 일이니까 하긴 한다는 태도와 말투가 담기기 쉽다. 마땅히 제가 할 일이라는 말을 할 땐 이 일을 하게 되어 기쁘다는 태도에 묻어나는 자신감까지 들어 있을 것이다. 미션 수행의 태도도 나쁘진 않다. 어쨌든 해낼 테니까.

하지만 기쁜 마음으로 하겠다는 사람을 따라갈 수는 없다. 이 둘의 차이는 아주 작아서 자신도 못 느낄 수 있지만 이 작은 차이가 하나하나, 하루하루로 축적되다보면 몇 년 후 또는 몇 십년 후 벌어질 격차는 크다.

"그 친구는 자소서부터 예사롭지 않았어요. '처음엔 사명감으로 일하겠지만 경력을 쌓아가면서 저 자신을 계발하면 사명을 넘어 소명을 찾을 것입니다'라고 했거든요. 요즘 젊은 친구들, 대단합니다."

나는 대표의 이야기에 정신이 번쩍 드는 느낌이었다.

일하기 싫을 때가 있다. 내가 이 일 아니면 못 사나 싶은 회의와 절망을 느낄 때도 있다. 새벽에 일어나 5시간 달려가 90분 강연하고, 다시 5시간 되짚어 서울로 올라올 때, 김밥으로 끼니 때우기가 연속될 때, 이런 날들이, 그날이 그날같이 반복될 때.

그날 내게 물었다. 나는 일을 콜링으로 하는가, 미션으로 하는가.

누군가는 사명(使命, 맡겨진 임무)으로 산다. 그리고 사명에 울고 웃다가 그대로 끝나기도 한다. 누군가는 그 경험과 노력을 켜켜이 쌓아 자신에게 주어진 소명召命을 찾는다.

소명을 찾는 기간은 통계치로 나와 있지는 않지만 '석삼년이면 일가 -※-를 이룬다'고 하니 소명을 찾는 시간을 석삼년 잡아보는 것은 어떨까. 석삼년이면 9년이고, 햇수로

10년이다.

앞으로 10년 동안 할 말, 이거 좋겠다.

"제가 마땅히 할 일이죠."

내가 왜 나를 그렇게 괴롭혔을까?

"이만하면 된 거지, 잘하고 있어."
자신을 괴롭히는 것에 더 이상 골몰하지 말 것.

'올해 우리 나이로 31살, 개인적으로 뭔가 이뤄놓은 게 없다는 생각이 들면서 자신감이 무너졌다. 일도 포기하고 싶은 심정이었다.'

여기까지 써놓았는데, 마침 내 책상에 차 한 잔 놓아주러 오던 Q가 이걸 보았나보다.
"어머, 이거 제 이야기 아니에요?"

앞 책상에서 차 한 모금 마시던 W가 "뭐가, 뭐가?" 하며 내 책상으로 달려온다.

"이거요, 선생님. 이거 보세요. 대표님이 제 이야기 쓰시는 거 같아요. 그죠, 대표님?" 한다.

W가 Q를 보더니 말한다.

"아닌데? 나이만 다르지, 이건 내 이야기 같은데?"

W의 이야기도 Q의 이야기도 아니다. 가수 겸 탤런트 Y의 인터뷰 기사를 보고 에세이 한 편 쓰려던 참이었다. 그런데 30대 두 사람이 모두 자기 이야기란다.

'자신감이 무너지고. 이뤄놓은 것도 없고, 일도 포기하고 싶은 심정.'

이걸 쓰려던 참이었다고 하자 둘은 마주보더니 동시에 말한다. "맞네요. 제 이야기."

아니라고 해도 자리를 안 떠난다. 내가 쓸 이야기를 지켜볼 참이다.

"그래, 그럼 마저 쓸게."

나는 두 사람의 입회하에 다음과 같이 글을 이었다.

Y, 그녀가 '아무것도 하지 말아야 하나 그런 생각이 들 무렵

에' 작품이 들어왔단다. 그런데 확 와닿은 첫 대사가 계기가 되어 작품에 도전하게 되었다고.

"내가 뭘 잘못했는데? 나는 그냥 앞만 보고 왔는데."

그리고 이 작품을 계기로 자괴감, 열등감에서 자신감과 용기를 회복하는 중이라고 했다.

"제일 쓸데없는 걱정이 연예인 걱정이지. 팔팔한 청춘도 아니고 늙지도 않은 평범한 30대인 우리가 문제"라며 W와 Q는 30대의 자화상을 그려가기 시작했다. 나를 두고 '늙은 청춘' 운운하기 그랬는지 두 사람은 티 테이블로 갔지만 이야기가 더 뚜렷하게 들렸다.

이룬 것은 없고, 가진 것도 없고, 앞으로도 크게 성취할 것도 없고, 돈은 들어왔나 싶은데 흔적만 남기고 사라지고. 돈 좀 잡아보려고 50만 원씩 모아야 일 년이면? 그래, 좋아. 인간 도리 안 하고, 쓸 거 안 쓰고, 악착같이 100만 원씩 적금 들어도 일 년에 1,200만 원. 10년 죽어라 모아도 1억? 그러니 미련하게 10년씩 모으는 사람들 주변에서 못 봤다고.

나인들 두 사람의 대화에서 자유로우랴. 살다보면 '난 뭐지? 이렇게 살아도 되나? 뭐하고 산 거지?' 하는 생각으로 회의에 빠지기도 잘한다. 그러다 드라마 대사처럼 "그냥 앞만 보고 왔는데 도대체 내가 뭘 잘못한 거지?"라고 나를 괴롭힌다. 나는 진지하지만 남이 보기엔 엄살 같아 보이는지 "어머, 뭘 더 바래? 그만하면 된 거지"라며 뻔한 위로. 위로 되지도 않는 위로를 한다.

나도 힘들어하는 사람이 있으면 이 비슷하게 말했다. 상대에게 뻔할지도 모르지만 내가 건네는 위로의 말은 결코 빈말이 아니었다. 남의 일이라고 쉽게 말한 것도 아니다. 다른 사람도 그랬을 거다.

두 사람의 이야기를 듣노라니 객관적인 내가 보이고, W와 Q도 진짜 그만하면 멋진 30대라고 말해주고 싶어 다가갔다. 티 테이블에 갈 때만 해도 '대표님'으로서의 어른티를 내려고 했는데 내가 둘에게 해주려고 했던 말들은 오히려 내게 더 필요한 말들이었다.

"이(그)만하면 됐지!"

"나(너)만 하면 된 거지."

"잘하고 있어."

나는 어설픈 충고 대신 이렇게 말했다.

"W 선생, 이 차 진짜 향기롭다."

"Q 선생, 우리 점심에 뭐 먹을까?"

우리는 자연스럽게 차 만든 이야기, 점심 메뉴에 관한 이야기로 옮겨갔다. 가끔은 사소한 이야기가 무거운 주제보다 기꺼울 때가 있다. 진지한 성찰은 가라. 힘들 땐 먹고, 마시고, 웃는 사소함이 최고다. 사소한 기쁨들이 사라지면 다 사라지는 경우도 있지 않은가.

아, 차 마시는 기쁨, 메뉴 고르는 기쁨, 먹는 기쁨…. 이런 것을 함께 하는 사람들이 있다는 기쁨. 혼밥이나 혼영, 혼술을 할 때는 나와 오붓하게 함께하는 기쁨. 이런 기쁨들을 귀하게 여긴다면, 훗날 내가 왜 그렇게 나를 괴롭히는 것에 골몰했을까에 골몰하지 않을 것 같다.

6

말에도 천리를 가는
향기가 있다

은목서, 향기 천리 가는 나무 아래서

**말이나 꽃향기나 발 없기는 마찬가지인데
천리만리 말의 향기, 꽃의 향기 맡으며 살고 싶다.**

향기가 천리를 간다는 꽃나무 아래 선 건 저녁 무렵이었다.
그 시간의 산사는 고즈넉했다. 낮에 울던 산사의 풍경風磬도
잠시 쉬는 시간이었다. 그래서였을까. 자박자박 누군가 걸
어오는 발소리가 유난히 잘 들린 건.

"운전하느라 힘들었는데 일찍 숙소 가자니까."
"엄마, 이 나무 꼭 보여드리고 싶어서."

"걸어오는데도 벌써 향기가 그윽하니 좋다. 이게 천리까지 간다는 향이구나."

엄마는 소녀처럼 말했다.

"응, 엄마. 천리를 간대, 이 향기가. 과장법이 심하다, 그치? 향이 좋긴 좋아도 천리까지 갈 것 같진 않은데."

"천리포 해수욕장, 진주라 천릿길, 천릿길도 한 걸음부터. 상징적인 말이지, 천리."

"역시 우리 엄만 박학하고 다식하다니까."

모녀는 향기가 천리 간다는 나무 아래서 사부작사부작 이야기를 나누었다. 나는 모녀가 하얀 꽃 핀 나무 아래에서 나누는 이야기를 들으며 꽃향기만큼 말향이 향기로움을 느꼈다. 모녀는 말로 서로를 여며주고, 챙겨주고, 받아주고 있었다.

홀로, 저녁의 산사에서, 꽃나무 아래에 서본 사람은 안다. 세상의 모든 풍경이 아름답고 또 향기롭다는 걸. 게다가 모녀의 대화에서 느껴지는 잔잔한 사랑이, 따스함이 천리를 넘어설 것 같은데, 꽃향기까지 어쩌자고 그리 곱고 향기로운가.

꽃향이 귀한 가을, 그것도 사람의 폐와 가슴까지 은은하게 적셔주고 남을 만한 향을 가진 꽃나무 아래에서였기 때문일까? 사람의 말향기가 꽃 향을 닮았다고 느낀 건.

모녀의 속삭이는 소리가 저녁 바람에 실려, 천리 가는 꽃 향에 묻혀, 내게로도 전해졌다.

'은목서'라고 씌어 있었다. 향기를 천리까지 보내는 꽃나무 이름 은목서. 하얀 꽃송이와 그 이름이 처연하게 곱다. 물푸레나무과에 속하는 상록관목으로 꽃이 은색으로 피어서 은목서란다.

은목서라는 이름을 가만 입 속으로 동글려 발음해보았다. 꽃이름을 부른다는 게 참 좋다.

돌아 나오려는데 한 모녀의 말소리가 나의 발걸음을 멈추게 했다.

"곽재구 선생님의 시네."

대학에서 '교양 국어'를 가르칠 때가 있었다. 그 시절, 우리 학생들에게 외우자고 했던 시 중 하나가 시인의 '사평역에서'다. 문득 그 시절도 떠올라 애틋해진다.

선암사 꽃향기와 함께 있던 선생님의 시는 '선암사 은목서 향기를 노래함'이었다. 향기를 노래함…. 나도 선암사 은목서 아래서 사람의 향기, 말의 향기를 노래하고 싶었다.

'향기로 말을 거는 꽃처럼, 말의 향기로 그대에게 가만, 가고 싶다'고.

스카프와 옷자락을 서로 여며주며 팔짱을 끼고 내려가는 모녀를 보면서 잠시 돌계단에 앉았다. 말로 감싸고, 말로 위로하는 누군가와 함께 천리향 내음인지 모녀의 향기인지 저녁 산사에 배인 향 내음인지…. 함께하고 싶었다.

어느 가을, 선암사 승선교承仙橋를 지나 강선루도 건너며 천리까지 향을 보낸다는 은목서를 만나러 가면 아마도 향기를 만리까지 보낸다는 송광사의 금목서 향기도 맡으리라. 천리 가는 꽃의 향기, 만 리 가는 꽃향기를 담뿍 담고 오면 나도 발 없이도 천리까지 간다는 말을 향기나고 이쁘게 할지도 모른다.

말이나 꽃향기나 발 없기는 마찬가지인데 천리만리 퍼져나

가 사람을 설레게 하는 것도 똑같구나.

말향, 꽃향 맡으며 살고 싶다.

"그래요." "알았어요."

"알았어요. 당신 말을 따르리다."
"그래요. 이번에도 당신 덕분에 왔지."

지난 겨울, 큰 맘 먹고 여행길에 올랐다. 큰 맘 먹었다는 건
한 달이라는, 그것도 여정이 쉽지 않은 남미 여행이었기 때
문이었다. 나의 최종 목표지는 마추픽추. 얼마나 가고 싶었
던 곳인가. 잉카, 마추픽추란 말만 떠올려도 설레던 곳이다.
그러니 그곳만 봐도 여행은 성공이라고, 다른 건 욕심 갖지
말고 쉬엄쉬엄 다녀오자고 다독이며 떠났다.

왜 아니겠는가. 여행을 떠나기 전 2, 3주 동안 여행하는 한

달의 공백을 최소화하기 위해 강행군으로 일정을 소화했기에 여행 전에 이미 피로가 쌓이고 쌓였다.

다행히 여행의 앞 일정은 크루즈였기에 잘 먹고, 잘 자고, 체력을 비축할 수 있었다. 중간 중간 브라질과 페루의 더위에 지치기도 했지만 우리 일행들은 힘들 때마다 누구라고 할 것 없이, "언제 또 여길 오겠어"라고 하며 서로 격려했다.

그런데 여행 중반에 접어들며 나의 여행 목적지는 더 이상 '마추픽추'가 아니었다. 동행한 네 쌍의 부부가 나의 여행을 이끌어 가고 있었다. 직업병처럼 에피소드를 모으는 내게 그분들의 모든 것이 의미 있는 자료가 되었다.

여행을 다녀와서 나의 강연 오프닝 멘트에 약간의 변화가 생겼다. 여행 전에는 '세상에서 베프는 부부여야 한다'였다. 여행을 다녀와서는 이렇게 바뀌었다.

"60세 넘어 남미 여행을 함께 갈 수 있는 부부를 목표로 삼으면 좋겠어요."

한 달 동안 누군가와 함께 여행을 한다는 건 쉽지 않다. 오죽하면 그 사람을 알려면 여행을 다녀와야 한다고 하며 결혼 전에 여행을 다녀온다는 말들이 심심찮게 들리기도 한다. 진짜 모습, 민낯을 다 보여주는 때가 여행할 때다. 성격, 생활 태도 등을 제대로 볼 수 있기 때문이다.

부부로 수십 년을 살았어도 마찬가지다. 여행 기간 동안 24시간을 말 그대로 '붙어있기' 때문에 잔소리할 일도, 지적할 일도 많다. 사사건건 잔소리한다고 여행 중간에 비행기 표를 바꿔 귀국하는 부부도 있다고 한다. 인솔자의 말에 따르면 그렇다.

우리 팀 네 쌍의 부부는 아니었다. 부부 일은 부부 밖에 모른다고 하지만 나는 내가 본 것만으로 그냥 착각하고 싶다. 그래야 소신을 가지고 '60대 이후엔 부부가 남미 여행 가는 걸 목표'로 하자는 말을 기쁘게 할 테니까.

이 말에는 여러 가지 의미가 담겼다. 우선 건강하게 잘 살았다는 거다. 남미 여행은 진짜 건강이 받쳐줘야 한다. 그다음 자녀를 어느 정도 잘 키웠다는 거다. 다음은 자녀를 키우면서도 재정 관리를 잘 했다는 의미다. 정말 중요한 것은 부부가 말이 통하는 사이여야 길고, 어려운 일정을 함께할 수 있다. 마치 노년에 골프를 하려면 성공적인 친구 관리, 성공적인 건강 관리, 성공적인 돈 관리 등 성공적인 삶을 살아야 한다는 말과 비슷한 이치다. 골프를 좋아하지 않는 나지만, 부인할 수만은 없는 이유들이다.

이제 남미 여행에서 건져 올린 진짜 보물을 꺼내 보일 때가 되었다.

70대 부부에게서였다. 두 분의 모든 것이 내겐 귀한 보물 같은 배움이었다. 먼저 그 분들의 생활 태도다. 약속 시간에 늦은 적이 없으셨다. 여행하시면서 일행을 신경 쓰게 한 적이 없다. 뒤처지지도, 너무 앞서지도 않는 배려. 식당에 가셔서도 어느 자리에 앉을지, 무엇을 누구에게 먼저 권할지, 어떻게 감사히 먹을지를 보여주셨다. 여행객은 마음이 넉넉할 것 같지만 집 떠나면 고생이란 말이 있듯 지치고 힘들어 언제든 불평, 불만을 할 준비가 되었는데도 말이다.

두 분에게 배운 보물 같은 일화가 또 있다. 할머니가 하라는 대로 하시는 할아버지와 할아버지가 의견을 말하면 "알았어요"라고 하시는 할머니의 대화다. 예를 들면 이런 거다.

"여보, 버스에서 내리면 추워요. 스카프 하세요." 그러면 "그럴까? 알았어요"라고 하시며 스카프를 두른다거나 "여보, 천천히 드세요." 그러면 "알았어요." 하신다.

'알았어요'라는 말은 자칫 말투에 따라 "알았으니 잔소리 좀 그만해요"로 들리는 말이기도 하다. 누군가의 말을 잔소리로 여기면 좋은 말도 '잔소리'가 된다. 반면 그 말을 받아주면 챙겨주는 고마운 말이 된다. 받아준다는 대답, "알았어요"가 얼마나 부드럽고 듣기 좋은 말이던지.

한 달 동안 그분들은 행복한 여행을 하셨다. 나이가 들수록 고집이 늘어난다는 나의 편견을 깨준 고마운 분들이다. 나는 끝내 궁금함을 못 이기고 '알았어요'의 비법을 알고 싶어 할머니가 자리를 잠시 비운 사이 식사 자리에서 여쭤봤다. 할아버지가 대답하셨다.

"이거저거 따질 시간이 어딨어요. 다 나 좋으라고 하는 소린데."

아, 감동이었다. 따질 게 뭐 있나. 다 나 좋으라고 하는 소리지…. 그러니까 서로 챙기면 바로 "그래요. 알았어요"가 나왔던 것이다.

여행 막바지가 마추픽추 일정이었다. 나는 고산증으로 쓰러질 듯한데 다른 분들을 포함해 노부부도 정정하시다. 나의 저질체력을 탓하며 좌석에 눕다시피하며 이동하는데, 그때 할머니의 낮은 말소리가 들렸다.

"여보, 우린 이제 다시 이런 여행은 못 와요. 힘들죠?"

"그래요. 이번에도 당신 덕분에 왔지."

쉽지 않은 일정을 성공적으로 이끈 건 두 분의 다독임, '그래요. 알았어요' 힘이라는 생각이 들었다. 너무도 힘든 일정이지만 숙소에 들어가서도 서로 챙기고, 존중하는 '그래요' '알았어요'의 힘으로 행복한 여행을 하신 건 아닐까.

이 글을 빌어 감사드린다. 건강 관리, 사랑 관리, 가족 관리, 인품 관리, 말 관리의 중요성을 보여준 분들께. 여행 막바지에 모두 지쳤을 텐데도 내가 넘어지며 쓰러지고 헤맬 때 보여주신 배려를 보며 인생을 저렇게 살아야겠다고 생각했다. 세상은 배움터고, 세상을 함께 여행했던 그분들은 스승이었다.

시를 외운다는 것

시를 외워 누군가에게 혹은 자신에게 들려주는 것은
때론 무수한 말보다 더 효과적이다.

중학교 때였다. 얼굴 뽀얀 국어선생님이 부임하셨다. 선생님은 얼굴만큼 고운 목소리로 시를 낭송하셨다. 지금도 생각난다. 청록파 시인 박목월의 '나그네', 조지훈의 '승무', 박두진의 '해' 3편을 연달아 낭송하시던 선생님.

선생님은 "시 몇 편 외워두면 외롭지 않아"라고 하셨다. 내겐 마치 '시와 친구하면 외롭지 않아'로 들렸다. 아직 어린 중학생이었지만 외로움을 친구 삼아 지내던 때였다.

로버트 프로스트R.Frost의 '가지 않은 길'이 교과서에 실려 있었다. 선생님은 나지막이 고요하게 그 시를 읽어주셨다. 그때 나는 시가 결정적으로 더 좋아졌다. 시는 '숲 속의 두 갈래 길'이었고, 미지의 길이었고, 시를 따라 길을 걸으면 인생 자체가 시일 것 같았다.

막연한 문학소녀에서 문학 지망생이 되었다. 고등학생 때는 '신춘문예 앓이'를 했다. 방송국에 사연 보내는 게 취미였다. 나의 고등학교 시절, 내 방은 책상이며 화장대 같은 가구뿐만 아니라 보들레르의 시집 등 방송국에 사연이 채택되어 원고료 형식으로 받은 선물로 채워졌다.

내 친구 Y와 시조 암송을 주고 받던 교정의 등나무가 훤히 떠오른다. 문학 소녀였던 우리는 보라색 등나무 꽃향기를 맡으며 5월의 저녁을 보냈었다. 덕분에 황진이의 '청산리 벽계수야 수이감을 자랑마라'며 매창梅窓의 '이화우 흩뿌릴 제 울며 잡고 이별한 님'이나 홍랑洪娘의 '묏버들 가지 꺾어 보내노라 님의 손에'를 제법 낭창하게 읊곤 했다.

어른이 되어 나는 시인이 되었고, 시도 꽤 외웠다. 그래도 여전히 자주 외롭지만. 그 때마다 시를 외운다. 걸으면서, 나뭇잎을 보면서, 창밖을 보면서, 시를 읊조린다. 울컥 외롭거나 가슴 먹먹할 때나 저물 무렵 동네 어귀에 들어설 때, 바람에 낙엽이 뒹굴 때 그 상황에 맞는 시가 떠오른다. 벚꽃이 분분하게 날리는 4월의 어느 아침에는 조지훈의 '꽃이 지기로서니 바람을 탓하랴'를 읊조린다. 국어 선생님의 '시 몇 편 외워두면 외롭지 않아'라던 말 한 마디는 내 인생에 시를 친구로 만들어주었다.

여행중이었다. 정찬 모임이 자주 있었다. 우리는 자연스레 돌아가며 칵테일이나 커피 등을 서로 대접하게 되었다. 그리고 또 대접을 하는 분이 호스트가 되어 자신의 인생 이야기를 들려주고, 우리는 들어주는 경청자가 되었다. 경력만큼, 살아온 세월만큼 말솜씨가 대단한 분들이었다. 여행의 중반쯤 되던 그 날은 대기업 CEO로 은퇴한 분의 차례였다. 그 분은 이렇게 시작했다.

"제가 좀 젊었을 때부터 운이 좋아 소위 높은 자리에 올라 갔어요. 그러다보니 늘 주재하는 자리, 말을 하는 자리에 있었습니다. 은퇴 후 결심했어요. '이제 들어주는 자리로 가자.' 근데 이게 쉽지가 않아요. 어떤 때는 말할 기회가 오면 고사를 하다가는 영영 말할 기회를 놓칠 거 같아 길게 말하지 말고 짧게 말하자고 했는데도 이게 또 쉽지 않아요. 말하던 가락이 있으니 한 번 시작하면 일장 연설하는 겁니다. 그래서 그 분위기에 알맞게 시 한 편 낭송하기로 바꿨어요. 이것도 긴 시가 되면 자기 자랑 같더라구요. 그래서 길지 않은 시를 10편만 외우자. 그 뒤로 모임에서 말을 할 기회가 오면 시를 외웠더니 호응이 대단한 겁니다. 제가 모임에 시 암송 열풍을 일으켰어요. 요즘은 건배사도 시로 합니다. 시 한 줄이면 족해요. 어떤 시는 시 제목으로만도 충분할 때가 있어요. 말이 길어졌습니다. 죄송합니다. 잔을 들어주세요. 건배사 하겠습니다. 오늘은 반칠환 시인의 시 제목으로 건배사합니다."

그분은 잔을 높이 올리더니 멋진 목소리로 외쳤다.

"새해 첫 기적."

우리는 고전스럽게 화답했다.

"위하여."

기막힌 건배사였다. "새해 첫 기적을 위하여"라니.

그분은 우리의 정찬 모임을 시 암송 열풍으로 이끌었다. 어느 분은 시를 외우려고 했더니 이게 잘 안 된다고 양해를 구하며 스마트폰을 보며 시 몇 구절을 읽기도 하시고, 어느 분은 동시를 외우기도 하셨다. 우리는 동시를 들으며 동심으로 돌아가기도 하고, 시 덕분에 격조 있는 정찬 시간을 가졌다며 행복해했다.

외로울 때 친구가 되어준다던 시, 이젠 행복한 시간에도 함께한다. 인생 외롭고, 행복할 때 함께하는 게 시라면, 이거 참 근사하지 않은가. 시는 언어의 정수니 시를 많이 읊조릴수록 언어의 향기를 품고 사는 일이다.

시를 외운다는 건, 시를 자신에게 들려준다는 건 썩 괜찮은 삶을 산다는 거다.

진짜로 말이 통하는 사이

왼쪽으로 가는 나, 오른쪽으로 가는 너.
사랑은 상대가 알게끔 말과 행동으로 보여주는 것.

샌프란시스코다.

'땡땡땡' 소리만으로도 나의 개인적인 추억으로 설레는 케이블카가 클로즈업된다. 케이블카에서 내리는 잘 생긴 남자, 앤디 가르시아. 그는 카페 안으로 들어가고 그곳엔 매력적인 그녀, 맥 라이언이 있었다. 설레는 남녀의 만남, 썸 타는 남녀의 사랑이 시작될 것 같은 간지러움으로 영화는 매우 영화스럽게 시작되는데….

사실 그들은 이미 부부다. 조종사 남편, 교사 아내, 좋은 집, 두 아이. 얼핏 부러울 것 없어 보이는 두 사람.

그런데 영화가 진행될수록 둘의 사이가 위태하다. 점입가경으로 아내는 알코올 중독으로 걷잡을 수 없는 상태라 할 수 없이 입원에 이른다. 아내 없는 집에서 워킹 대디로 힘겨운 사투를 벌이는 남편은 아내의 쾌유를 기대하며 이 상황을 견딘다. 하지만 아이들을 챙겨 아내를 면회하러 간 남편은 아내로부터 충격적인 말을 듣는다.

"말콤과는 말이 통해. 우린 모든 걸 이야기해. 모든 것을 말이야."

진짜 말이 통한다며 리얼리 토크와 에브리씽를 강조하는 아내 앨리스가 가리킨 남자 말콤은 무장 강도에 마약 중독자다. 그 남자와는 어떤 말이든 나눈다고 또 강조한다. 아내를 보는 남편의 눈빛이 흔들린다. 아내가 말했다.

"우린 공통점이 많아."

아내가 말한 '우린' 말콤과 그녀를 말한다.

나는 아내의 이 말이 남편에게 '당신 빼놓고 모두와 말이 통해' '부부지만 우린 공통점이 없어'로 들렸을 거란 괜한 생각도 들었다. 아내가 퇴원 후, 둘은 적응을 위해 노력한다. 하지만 매사 부딪친다. 말로 부딪친다. 그때마다 남편이 말한다.

"이런 이야기, 왜 진작 안 했지?"

아내가 대답한다.

"안 한 이야기야 많지."

난 이 대사에서부터 먹먹해지기 시작했다.

외로워지는 건 옆에 사람이 없을 때. 더 외로워지는 건 곁에 사람이 있는데도 할 이야기가 없을 때. 더욱 더 외로워지는 건 안 한 이야기, 못하는 이야기가 많을 때. 더 많이 말하고 싶을 때, 그때 우리가 비로소 사랑한다고 말할 수 있는 건 아닐까.

아내가 남편에게 말한다.

"여보, 우리 이야기 좀 해."

하지만 자꾸 말이 어긋난다. 둘은 말한다.

"항상 그런 식이었지."

그리고 이별하기로 한다. 하지만 이들은 정말 영영 헤어졌을까?

아빠가 이별을 말하려 어린 딸을 찾았을 때 한 말은 "널 얼마나 사랑하는지 네가 모를까봐 두려워. 네가 알게끔 행동으로 보여줘야 하는데"였다. 이 말에 어쩐지, 이 영화가 이별로 끝날 것 같지 않은 예감이 들었다.
'사랑은 상대가 알게끔 말과 행동으로 보여주어야 한다'는 걸 깨달았다는 것 아닌가.

글을 맺으려 하는데, 이 장면을 빠뜨리자니 도저히 글 맺음이 안 된다. 시작을 예고하는 듯한 엔딩 장면 같다는 느낌이 드는 말 때문이다.
"난 최선을 다했죠. 하지만 아내의 이야기를 들어주는 것만은 못했어요."
그 후로 그들은 어떻게 되었을까? 서로 '말을 나누며' 행복했을까? '말을 들어주며' 행복했을까?

내 인생도 유쾌하게, 오블라디 오블라다

오블라디 오블라다, 인생은 흘러간다.
내 인생도 유쾌하게, 오블라디 오블라다!

〈비틀스 링고 스타, 윌리엄 왕세손의 칼을 맞은 이유는?〉

기사 제목 한 번 자극적이다.

꽃들이 피어나고 만물이 생동한다는 새봄에 저 멀리 영국
에서는 무슨 일이 일어난 걸까? 인터넷 기사 제목을 그대
로 믿진 않지만 비틀스, 윌리엄 왕세손이라는 두 인물의 이
야기만으로도 흥미진진해진 건 사실이다.

역시 기대에 어긋나지 않는 참으로 영국스럽고 재미있는
기사다.

버킹엄 궁에서 링고 스타가 윌리엄 왕세자로부터 기사 작
위를 받았단다. 그야말로 'Sir'가 된 것이다. 팔순을 바라보
는 비틀스 멤버다. 이쯤이면 살아 있는 신화가 맞다. 폴 매
카트니가 내한 공연을 해서 엄청난 찬사를 받았던 게 얼마
전 일인가.

언젠가 폴 매카트니를 광적으로 좋아하는 후배가 매카트
니를 부를 때 그냥 이름만 부르면 안 된단다. 반드시 'Sir'를
붙여야 한다나. 그리고 덧붙였다. "아니면 매카트니 경이라
고 부르든지." 영국에서는 매카트니가 앉을 의자에도 그렇
게 표시한다나 어쩐다나.

우리는 "대통령도 그냥 이름 부르는 세상에 유난스럽기는"
이라고 했지만 좋아하고 존경하는 누군가를 가슴에 품은
그를 부러워했다.

어쨌든 링고 스타는 1990년대 폴 매카트니가 받은 기사 작
위를 20년의 간격을 두고 받았다. 왕세자의 검(칼)이 한 무

릎을 꿇은 링고 스타의 왼쪽 어깨에 살풋 얹혀져 있는 사진을 보니 격식이나 형식이 왠지 '그딴 형식'으로 치부할 수 없는 무게를 가진 것 같다는 느낌이 들었다. 격식의 엄숙함이 그가 받은 작위를 사진이나마 실감나게 한다. 한참 전에 유명을 달리하고도 여전히 우리 곁에 있는 듯한 존 레논이나 조지 해리슨, 폴 메카트니나 링고 스타. 이래저래 대단한 비틀스다.

마침 주철환 대PD의 책, 『오블라디 오블라다』를 읽었다. 유쾌하게, 부드럽게 사람과 소통하고 관계 맺는 주철환 교수님의 글을 좋아하는 나다. 기사 작위 소식과 책의 영향, 그래서일까? 요즘에는 '오블라디 오블라다'를 더 자주 흥얼거린다.

데스몬드와 몰리, 그리고 아이들의 모습이 마냥 예쁘고 아름답고 평화롭게 그려지는 이 노래. 이들의 행복한 인생이 계속되듯 내 인생도 유쾌하게, 따뜻하게, 너무 비장하지 않게 그러면서 너무 가볍지 않게 흐르고, 흘려보내면서 'Life goes on' 하고 싶다.

큰 바위가 있으면 돌아 흘러가고, 작은 돌이라면 휘어 감으면서, 때론 빠르게 휘돌 '여울'도 있을 테지만 그때마다 더 맑고 깨끗해지겠지. 인생은 흐르고 흘러 계속되니까.

오블라디 오블라다가 '인생 잘 될 거야, 뭐 어때'라는 나이지리아 말인지, 감탄사인지, 아님 자메이카의 표현인지 더 이상 중요하지 않다. 이미 그 말 자체로 의미가 된 지 오래니까. 입술을 스치듯 하는 그 음절들만으로도 좋으니까. 입술 동그랗게 모으고, 오블라디 오블라다를 노래하면 한결 가벼워진다.

시 한 편, 책 한 구절, 입 끝에 맴도는 노래 한 소절. 어떤 거든 나를 위한 게 많으면 인생은 행복해진다고 자주 말한다. 간절히 원하면 이루어진다는 피그말리온 효과처럼, 읊조리고 노래하면 마법처럼 나를 행복에 이르게 하는 노래, 오블라디 오블라다. 유쾌하고 행복해지는 음절들이다.

영국의 리버풀에 가보고 싶다. 비틀스의 동네다.
'떠나고 싶을 때 후딱 짐 쌀 수 있어야지. 그럼그럼, 인생 뭐 있어.' 오블라디 오블라다.

내 인생도 유쾌하게 오블라디 오블라다!

즐거운 인생은 계속되는 거라고. 인생은 이런 노래같은 거

라고. 노랫말이 들려주고 있지 않은가.

35억 원짜리 이야기 - '아는 것'과 '하는 것'

**35억 원을 주고 들은 말은 누구나 다 아는 말.
다 '아는 말'이지만 실천 '하는 것'의 의미.**

35억 원. 점심식사 한 끼 가격이다. 도대체 뭘 먹길래? 스테이크다. 혹시 수천 명이 먹는 건가? 아니다. 2명에서 많게는 10명 이내의 식사 자리다. 가상의 시나리오가 아니다. 1년에 한 번 이런 일이 일어난다. 변수가 없다면 장소도 정해져 있다. '스미스 앤 월렌스키'라는, 뉴욕 맨해튼에 있는 식당에서다.

여기까지 들었을 때, U가 말했다.

"감 잡았어요."

아무튼 U답다.

모처럼 인사동 나들이를 만끽하며 모두 한 마디씩 돌아가
며 가볍고 즐거운 이야기를 하던 참에 P가 한 이야기였던
것 같다. 나름 호사스런 점심식사를 했던 우리였다. 왜 아닌
가. 인당 3만 원짜리 식사였다.

워런 버핏과의 점심식사 낙찰 가격이 35억 원이란다.

"점심 먹어주고 돈도 받다니. 쉽게도 돈 버네. 이런 인생이
라면 살 맛 나겠다."

"3만 원의 몇 배야?"

"그 돈 내고 낙찰받은 사람이 더 궁금하다."

"도대체 몇 시간 밥 먹는 건데?"

"그런 자리에서는 무슨 이야기가 오갈까?"

"주식 투자 이야기겠지? 워런 버핏의 투자 계획만 들어도
점심 값 나오고도 남을 거잖아."

이쯤, 그윽하게 기다리던 U가 좌중을 둘러보며 말했다. 나

는 U가 우리의 웬만한 모든 궁금증을 풀어줄줄 알았다. 오가는 말에 끼어들지 않고, 그윽하게 기다리면 꼭 그랬다. 가진 자의 여유 같은 기다림.

이 부분에서 배울 점도 많다. 사람들이 궁금해하는 것을 잘 듣고 있다가 그걸 중심으로 이야기를 풀어나가니 집중도도 좋고, 핵심을 잘 잡아 이야기를 한다.

오늘도 U는 우리에게 자근자근 이야기를 들려주고 이렇게 맺을지도 모른다.

"만 원의 행복이지."

책을 읽었다는 뜻이다. 책 값, 만 원.

우린 알면서도 막상 실천이 잘 안 되는 독서의 필요성을 깨달으며 동시에, U의 독서력에 또 감탄할 거다. '아는' 것을 실천 '하는' U.

"수전 버핏인가? 사별한 부인과 관련된 빈민구제단체에 전액 기부한대. 멋있는 사람은 여러 가지로 멋있다니까. 사별한 부인을 잊지 않는 의리. 식사 시간은 3시간인데 낙찰받은 사람은 자기 말고도 7명을 동반할 수 있어. 재미있는 것은, 무슨 이야기든 궁금한 건 다 물어볼 수 있지만 '다음 투자 계획이 뭐냐?'라는 질문은 하면 안 된다는 엄격한 룰이 있대."

재미있게 듣던 G가 말했다. "그런 게 어딨어? 돈 주고 산 자린데 돈 버는 주식 이야기를 해줘야지."

우린 U의 이야기를 기다렸다. 워런 버핏 같은 주식계의 거물과 식사를 한다면 그의 주식 투자 계획 이야기는 아니더라도 돈 버는 이야기 등 밑줄 긋고 싶게 만드는 이야기들이 나오지 않을까. 하지만 우리는 U가 전한 35억 원짜리 금과 옥조를 듣고 모두 실망했다.

'거절하는 것에 편안하라. 매사에 진실하라. 그리고 좋아하는 것을 하라.'

세상 사람 다 아는 이야기하고 35억 원이나 번 워런 버핏 이야기에 우리는 "누군 몰라?"라고 하며 이구동성이었다. "아는 게 문젠가? 하는 게 문제지"라며 또 이구동성. 아는 것과 하는 것은 'ㅇ'과 'ㅎ', 겨우 자음 한 자 차이인데, 이 차이가 천지 차이를 가져온다며 반성도 했다.

U가 좌중을 정리했다. 다 '아는 말'이지만 실천 '하는 것'이 남는 장사라고. 35억 원짜리 말 아니냐고. 듣고 보니 35억 원짜리 말답다. 실천만 한다면 말이다.

저기압일 땐 고기 앞으로 가라

저기압의 손님도 고기압이 되게 하고 싶은 마음.
어떤 말이든 힘이 세다. 여운도 길다. 말은 그렇다.

처음에는 직접 뽑은 메밀국수, '정성껏' 직접 뽑은 메밀국수
를 먹고 싶어 들어갔다. 주인 내외는 꽤나 무뚝뚝했다. 하
지만 반찬은 정갈했고 음식 맛도 좋았다. 결정적으로 메밀
국수 맛은 너무 좋았다. 며칠 후 또 한 번 갔다. 연예인들
의 사인이 벽면에 가득하다. 사인에는 맛 예찬이 빠지지 않
고 씌어 있다.

주인 내외는 여전히 무뚝뚝했다. 이후 갈 때마다 '또 올 것

인가 말 것인가'를 생각하게 만드는 묘한 분위기. 하지만 음식 맛에 이끌린다. 사람들로 북적인다.

"두 분을 보면 별로인데 음식 맛은 별미네요."

나는 계산을 하면서 드디어 말해버렸다. 간장 게장, 보리 굴비, 코다리 찜…. 그 집의 메뉴를 거의 섭렵을 했을 만큼 여러 번 갔을 때였다. '별로'와 '별미'를 대구 삼아 말하면서 나도 요즘 말로 꽤나 '오지라퍼' 같아 웃었다. 사실은 주인 아저씨한테 말을 걸어보고 싶어 호시탐탐 기회를 엿보았다. 무뚝뚝함에 담긴 장인정신 같은 것이 감지되어서였다. 이야기를 나누다보면 뭔가 얻을 게 있을 것 같기도 했다.

비위 맞추고 아양 떠는 거 같아 싫단다. 음식 맛으로 승부하면 되지, 꼭 웃어야 하냐고.

"웃어봐야 침만 튀죠. 음식 장사하면서."

웃자고 하는 말 같은데 표정은 진지하다.

메밀국수도 내 입으로 들어간다 생각하고 직접 뽑고, 숯불 피우면서도 찡그린 적 없고. 손님 앞에서는 안 웃지만 찡그린 적 없고, 음식들 앞에서도 웃은 적 없지만 찡그린 적 없단다.

주인아저씨의 말은 들을수록 맛깔났다.

"음식으로 못 고치는 병은 약으로도 못 고친다는 말이 있습디다. 음식이 약 같을 순 없지만 약보다 자주 먹으니 약보다 못할 게 없어요. 입으로 들어가는 것은 생명이에요."
이 말을 듣는데 나는 뜬금없이 '입으로 들어가는 것과 입에서 나오는 것만 조심하면 잘 살 수 있다'던 엄마의 말씀도 떠올랐다. 입으로 들어가는 것은 생명이라고 생각하며 음식을 만든다는 이야기를 들으니 건강해지는 느낌도 들었다.
"근데 이 집이 건강 음식만 파는 곳은 아니잖아요. 우리 집은 고기 드시러 오는 손님이 많아요. 그래서 고기도 기분 좋게 드시고 건강하시라고 저걸 붙여 놨어요."
가리킨 곳을 보니 '저기압일 땐 고기 앞으로 가라'가 있었다. 인터넷에서 흔히 보던 문구가 새삼스럽게 보였다. 나는 무뚝뚝한 아저씨와 유머러스한 글귀가 너무 안 어울린다는 생각에 웃었지만 더운 여름날, 뜨거운 화로를 끼고 고기를 구워 먹는 사람도 기분 좋아질 것 같다. 글자 몇 자가 사람의 기분도 바꾸어줄 수 있다니.

그날 나는 주인아저씨의 이야기를 들으며, 다 좋으면 좋지만 다 좋을 수 없다면 집중할 주요 순위를 매기면 좋겠다는 생각도 했다. 저마다 자기만의 장점과 강점이 있으니까. 그러고 보니 주인 내외는 친절과 웃음에서는 부족해보여도 그 2가지 외에는 거의 완벽해보였다. 음식 맛은 이미 인정, 화장실 청결도 최고 수준, 의자와 탁자 높이 고려, 물기 하나 없는 깔끔한 그릇들.

주인 내외가 멋지다는 생각이 들었다. 잘 할 수 있는 것에 최선을 다하는 선택. 다 좋으려고 너무 애쓰다보면 기진맥진이 되기도 하는데, 그래서 이도저도 아닌 상태로 지치는데 선택해서 집중을 하는 분들이 부러웠다. 비위 맞추는 접대성 인사 대신 주인 내외가 선택한 것은 음식 맛과 정성이다. 그래서 저기압의 손님도 고기압이 되게 하고 싶은 마음. 입으로 들어가는 것은 생명이라고 믿고 음식을 만드는 집중과 선택.

감각적인 말들로 넘치는 세상을 살고 있어 웬만한 말에는 감각이 무뎌졌지만, 저기압일 땐 고기 앞으로 가라는 말에 담긴 주인 내외의 마음을 안 후라서인가. 내게 이 말은 예삿말이 아니라 선택과 결정에 대해 진지하게 생각하는 말이 되었다. 어떤 말은 누군가에게 진지한 물음을 던지기도 하고, 어떤 말은 누군가에게 그토록 찾아 헤매던 해답을 찾게도 한다. 같은 말도 누군가에게는 얼토당토한 말이 되기도 하고, 누군가에게는 스치는 말이 되기도 한다. 그게 말의 힘인 것 같다.

무뚝뚝하고 말수 적은 식당 주인 내외가 걸어놓은 '저기압일 땐 고기 앞으로 가라'는 문구가 여기 저기 많은 식당에 걸려 있더라도 내겐 이미 특별한 문구다. 나는 이후, 나의 집중과 선택에 대해 열심히 고민하고 있으니까.
어떤 말이든 힘이 세다. 여운도 길다. 말은 그렇다.

일고수 이명창

경청과 공감, 추임새의 힘. 말할 맛 나게 하는 힘.
나도 추임새 받으며 말하고 싶다.

나는 화가 이순구 님의 그림이 좋다. 화가의 그림을 보고
있으면 안에 있던 억울함, 화, 기분 나쁨이 흔적도 없이 사
라지는 것 같다. 그림을 보고 있는 동안의 놀라운 정화 효
과에 놀란다.

이순구 화가의 작품 중에 〈귀 기울여〉라는 작품이 있다. 두
사람이 등장한다. 아이와 아이에게 허리를 잔뜩 꺾은 어른

인 듯 청년인 듯, 키가 큰 아이인 듯한 -순진하고 무구한 표
정에 나이를 가늠할 수 없는- 사람이 활짝 웃는 그림이다.
아주 활짝 웃는 바람에 눈이 안 보일 정도다. 화가의 그림
제목이 이미 〈귀 기울여〉지만, 귀 기울여(傾) 듣는(聽) 모습
을 이렇게나 행복하게 잘 표현하다니 싶다.

소통과 대화가 강조되는 요즘, 여기저기서 '경청'이라는 말
이 자주 등장한다. 경청의 경(傾)을 파자해 해석하면 '사람에
게 머리를 수그린다'라는 것을 모르는 사람이 없을 정도다.
나는 이런 표면적인 기울임의 의미에 '마음을 기울이다'를
덧붙인다.

마음을 기울이는 건, 머리를 기울이는 것과는 본질적으로
다르다. 하지만 마음을 보이는 것 역시 몸과 말이니, 우선
상체를 말하는 사람에게 기울여야 보인다. 그러면 귀를 기
울이는 것은 어떻게 보여줄까? 아이들이 좋아하는 의태어
를 동원하면 귀를 '쫑긋'하는 방법이다. 귀를 쫑긋하는 건
의태어로만 가능할 뿐, 실제로는 쫑긋하지 못하지만 귀를
쫑긋 기울였다는 걸 보여주고 들려주는 것이 '아, 어, 음, 그

래?' 등의 추임새다. 추임새는 경청의 완성이다.

나는 경청의 롤 모델로 '고수'를 꼽는다.

판소리를 살펴보면 여러 가지 용어가 나온다. 추임새, 너름
새, 발림, 창 같은 것들이다. 이 중 고수가 제일 잘 넣는 것이
추임새다. 판소리에서 나온 이 용어는 명창이 창을 할 때,
창과 창 사이에 넣는 '얼쑤' '잘한다' '그렇지' 등의 말이다.
상대방의 말에 귀를 기울이는 경청만큼이나 추임새의 역할
은 그렇다. 바로 명창을 신명나게 하고, 명창이 호흡을 가다
듬을 시간을 주어 완창에 이르게 한다. 대화에 비유하자면
말하는 사람을 말하고 싶게 하고 신나게 한다.

말하는 사람을 말하게 하고 싶고, 공감받는 느낌을 충만하
게 하는 추임새로 뭐가 있을까? 나는 '오구'를 추천한다.
'그래?' '그랬어?' '그래서?' '그 다음은?' '그럼 어떻게 하
지?' 친한 사이라면 '그' 발음을 할 때는 약간 유아어를 사
용해서 '그'와 '구'의 중간 발음을 해보면 어떨까 싶어서 '오
구'라고 해봤다. "구(그)랬어?" "구(그)래서?"
이 말의 맛은 맛깔나다. '그' 앞에는 '오, 어머, 저런' 등을 살

짝 넣으면 더욱 좋다. "오, 그래? 좋았겠다." "어머, 그랬어?" "저런, 어떡해."

"그래? 그럼 어떻게 하지?"는 해결할 문제가 있을 때 요긴한 추임새다. 대화에는 공감으로 끝나는 이야기도 있지만 함께 해결책을 의논해야 할 일도 있으니까. 이 세상에 내 이야기에 경청하고 공감하며 문제 해결을 위해 머리 맞대는 사람이 있다면 얼마나 좋으랴.

고개를 끄덕이며 '아, 음, 어'와 같은 듣고 있다는 경청의 사인을 보내면서 내가 먼저 얽히고 설킨 인간관계를 풀어내고 흥나게 하면 좋을 것 같다.

고수鼓手의 고수高手.

나와 상대를 단단하게 엮어주는 고수. 상대를 신나게 해서 나도 덩달아 신나는 삶을 살게 하는 고수. 끝까지 완창하게 하도록 돕는 고수.

하지만 잘 안 된다. 고수가 되기는커녕, 오히려 내가 명창이 되려고 말을 끊고 들어가기 일쑤다. 하기야 '일고수-鼓手

이명창二名唱'이라니까 일류 고수가 되긴 어렵긴 어려운가 보다. 그래도 자리를 정좌하고 명창을 바라보듯, 귀를 쫑긋하고 몸을 기울이며 추임새의 고수가 될 채비를 한다.

몸과 맘을 기울였으면 고개는 끄덕이고 입으로는 추임새 넣으며 귀와 눈과 입으로 반응하는 대화의 고수. '아, 어, 음, 어머.' 이 말도 입에 착착 붙게. 그래서 말 들을 때 척척 나오게.

추임새를 많이 하면 나도 추임새를 받으며 신나게 말할 수 있겠지. 대접받고 싶은 대로 대접하라는 말을 추임새로 응용해야겠다.

"얼쑤, 그래, 잘한다."

"그래, 그랬어, 그랬구나."

추임새하는 나도 신난다.

많이 생각하고, 음미하며 차 마시듯

**뜨거운 차를 호호 불 듯 생각하고,
입 속에서 천천히 음미한 후 말하라는….**

주경야독하시는 나의 스승님이 주말에 농장에서 시낭송회
를 한다는 전화를 하셨다.

아쉽지만 참석하지 못한다고 하자, 요즘 농장이 제법 좋다
시며 언제 시간 나면 들르라고 하신다. 바로 전화 끊기가
서운해서 요즘 근황도 여쭙고, 농장의 이모저모도 들려주
시라 했다.

『조경희 수필론』을 쓰고 계신다는 말씀 끝에 인생에서 수필

집 내는 일이 참 의미 있다는 격려를 하신다.

"더 이상 뺄 것이 없을 때 완전한 문장이라잖아요? 농장에서 몇 가지 심고 가꾸다 보면 문장이나 자연의 섭리나, 다듬을 게 있고 놔 둘 게 있어요."

생떽쥐베리의 문장 한 구절 들려주시는 이유. 에세이를 쓰고 있다는 제자의 말을 기억하시곤 격려와 독려를 하시는 거다. 마침 당신은 토마토 순을 자르고 계시는 중이었다고 하시며.

토마토 순은 여러 가지로 뻗는단다. 그런데 이걸 그냥 놔두면 실한 토마토를 얻기가 어렵다고 한다. 줄기 하나만 살리고 버팀대로 잘 받쳐주어야 크고 탐스런 토마토를 얻을 수 있다는 거다.

며칠 전에는 감자꽃을 따주셨다고 한다. "그 아까운 감자꽃을요?"라고 하자 "그래야만 감자 뿌리로 영양이 가서 하지夏至에 튼실한 감자를 얻지요. 꽃만 보다가는 농사를 망쳐요. 아까워도 쳐내고 따내야 할 것이 있어요"라고 하신다.

'아까워도 쳐내고 따내야 할 것'의 무게가 느껴진다.

글을 쓰다보면 길어지기가 일쑤다. 쳐내려고 하면 왠지 아깝고, 그냥 두면 주저리주저리 늘어지고 현학적이 되기도 한다. 그런 면에서 '더 이상 뺄 것이 없는 문장'의 주인이 된다는 건 참 어려운 일이다. 농사도 마찬가지라서 과일이 많이 열릴수록 적과摘果를 과감히 해야 한다. 그렇잖으면 작고, 맛없고, 볼품없는 열매를 수확하게 된다.

스승님의 말씀 하나하나가 주옥같다.

글이 써지면 열심히 쓰고, 너무 주렁주렁 열렸는지(썼는지) 살피고, 돌아보고, 그 다음 전지가위를 들고 과감하게 잘라내야 한다. 꽃일 때 따주어야 하는 것도 있고, 열매일 때 솎아주어야 할 것도 있지만 그래도 먼저 할 일은 꽃을 많이 피우게 하고, 열매가 많이 맺게 가꾸어야 한다. 그래야 솎을 것도 버릴 것도 있다.

가꾸어야 한다는 건, 평소에 다독하고 다상량多商量하라는 구양수의 삼다三多를 일컫는 말씀이다.

구구절절 가슴에 와 닿는 말씀이라 경청하는데 우리 스승님이 한 말씀하신다.

"임 선생은 잘 듣는 사람이니까 말할 맛이 나요."

아마 가르칠 맛이 난다는 말씀을 '말할 맛'이 난다고 하셨
는지도 모를 일이다.

나는 지금도 시시때때로 가르쳐주시는 스승님이 좋다. 논
어의 첫 문장, '배우고 때때로 익히니 이 또한 기쁘지 아니
한가學而時習之不亦說乎'를 가르쳐준 분도 스승님이었다.

"교수님, 선비의 삶을 사셔서 정말 좋아요. 낮엔 농사지으시
고, 밤엔 원고 쓰시는 주경야독이 너무 멋져요. 저도 나중에
교수님처럼 살고 싶어요."
스승님은 요즘 주경야독도 좋지만 차를 마시는 것처럼 글
과 말을 음미하며 사는 게 참으로 좋다 하신다. 사람 사이에
서 한 발짝만 물러나면 된다고, 너무 안간힘 쓰지 않아도 된
다는 말씀도 덧붙이시며 마침 농장에서 캔 돼지감자를 덖
어 차로 만든 것이 있으니 보내주신단다. 오래된 제자를 가
꿔주시는 스승님이 있어 복 받았다고 하자 스승님의 말씀.
"뚱딴지같기는. 임 선생 같은 제자가 있어 나도 좋아요."
하신다.
뚱딴지는 돼지감자의 별명이다.

스승님은 돼지감자 차에 이런 말씀도 함께 담아 보내시는
것 같다.

많이 읽고, 많이 쓰고, 많이 생각하고, 또 다듬으며 글을 쓰
라고. 뜨거운 차를 호호 불 듯 시간을 두고, 생각하고, 입 속
에서 천천히 음미한 후 말하라는….

향기롭고 구수한 돼지감자 차가 기다려진다.

아이의 자존감을 키우는 엄마의 대화법

우리 아이를 위한 자존감 수업

임영주 지음 | 값 15,000원

이 책은 아이의 자존감을 키워주는 대화법에 대해 다룬 자녀교육지침서다. 유아교육 현장에서 다양한 저술과 강연 활동을 해온 부모교육 전문가인 저자가 그동안의 경험 으로 터득한 노하우를 이 책 안에 담아냈다. 아이의 행복을 위해 부모가 해야 할 가장 중요한 과업은 아이의 자존감을 북돋워주는 것이다. 이 책을 통해 엄마와 아이의 자 존감을 함께 높이고, 아이의 마음까지 보듬어주는 대화법을 배워보자.

관계의 99%는 감정을 알고 표현하는 것이다

나도 내 감정과 친해지고 싶다

황선미 지음 | 값 15,000원

상담학 박사인 저자는 감정에 대해 제대로 알고 친해지는 법을 소개한다. 이 책은 부 정적 감정인 화·공허·부끄러움·불안·우울에 대해 이야기하며 부정적 감정 그 자체 는 문제가 아님을, 핵심은 감정에 휩쓸리지 않고 감정을 잘 받아들이는 데 있음을 말 한다. 이 책을 통해 적절하게 감정을 사용할 수 있을 뿐만 아니라 진정한 공감과 위로 를 받을 수 있다.

사람을 움직이는 소통의 힘

관계의 99%는 소통이다

이현주 지음 | 값 14,000원

직장 생활에서 바람직한 인간관계를 맺기 위해 필요한 소통 방법을 다룬 지침서다. 많은 기업에서 직장 내 관계에 대한 교육과 상담을 활발히 해온 저자는 이 책을 통해 올바른 소통 방법을 알려준다. 이 책은 인간관계를 기반으로 한 소통을 다루면서 우 리가 알고 있었던, 혹은 눈치채지 못했던 대화법의 문제점을 부드럽게 지적한다. 이 책을 통해 그동안 소통 때문에 겪은 스트레스를 해소할 수 있을 것이다.

서로 다른 우리가 조화롭게 사는 법

행복을 이끄는 다름의 심리학

노주선 지음 | 값 14,000원

사람들은 서로 다르다는 이유만으로 서로에게 상처를 주기도 하고 상처를 받기도 한 다. 저자는 나를 알고 타인을 알아가는 질문과 설문 등을 통해 그들의 갈등 원인인 '다 름'을 지적하고 해결 방안을 찾아준다. 다름의 정의를 새롭게 조명함으로써 서로의 다름을 어떻게 이용해야 할지에 대한 방법을 알려주는 이 책은 훌륭한 인간관계를 유 지하기 위해 반드시 읽어야 할 최고의 지침서다.

마음이 아픈 사람을 위한 글쓰기 치유법

글쓰기로 내면의 상처를 치유하다

이상주 지음 | 값 15,000원

종이 위에 글을 쓰는 순간, 내면의 상처가 치유된다. 이 책은 견디기 힘든 상처를 안고 살아가는 사람들에게 어떻게 하면 그 상처를 치유하고 회복할 수 있을지 자세히 소개한다. 스스로를 변화시키는 방법이야 많겠지만 저자는 글쓰기가 최고의 방법이라고 말한다. 일기나 편지 또는 작은 메모부터 시작해보자. 누구에게도 꺼내지 못했던 마음속 외침을 일기장에 쓰다 보면 가장 편안해지는 나를 느낄 수 있을 것이다.

나를 변화시키는 손정의의 성공법칙 122

손정의처럼 생각하고 승리하라

이상민 지음 | 값 15,000원

무시당하던 재일 한국인에서 29조 원의 재산을 가진 일본 부호 1위로 우뚝 선 손정의. 과연 손정의는 어떻게 최고가 되었고, 어떤 생각이 남다른가? 경영의 구루 손정의의 삶과 리더십과 변화의 흐름을 파악하는 남다른 통찰력, 남들과는 다른 생각을 하는 성공 방정식을 저자가 완벽하게 표현했다. 손정의 명언 122개를 소개하고 통찰력 있는 해설을 덧붙인 이 책을 읽으면 당신도 그렇게 되고 싶은 욕망이 충천될 것이다.

삶의 근본을 다지는 인생 수업

해주고 싶은 말

세네카 외 5인 지음 | 강현규 · 정영훈 엮음 | 값 14,000원

이 책은 인생, 행복, 화, 시련, 고난, 쾌락, 우정, 노년, 죽음 등 우리 인간의 삶에 대한 통찰을 담고 있다. 세네카의 『화 다스리기』 『인생론』 『행복론』, 아우렐리우스의 『명상록』, 에픽테토스의 『인생을 바라보는 지혜』, 키케로의 『노년에 대하여』 『우정에 대하여』, 톨스토이의 『어떻게 살 것인가』, 몽테뉴의 『수상록』 등 9권의 위대한 인문 고전에서 현대의 독자들을 위해 정수만을 뽑아내 재편집한 결과물이다.

당신의 마음속에 온기가 스며들다

심리학의 온기

조영은 지음 | 값 15,000원

버거운 하루를 보내고 있을 당신을 위한 심리학 대중서가 나왔다. 삶이 나를 너무 힘들게 할 때 실생활에서의 문제들을 쉽고 재미있게 심리학의 개념부터 치유방법까지 설명한다. 저자는 심리학에 대한 지식이 없는 독자도 쉽게 이해할 수 있도록 풀어냈다. 인생이 주는 시련들 속에서 심리학의 따뜻한 온기가 전해졌으면 하는 바람인 것이다. 지치고 힘들 때 잠깐의 쉼표가 필요하다면 이 책을 펼쳐보자.

■ 독자 여러분의 소중한 원고를 기다립니다

메이트북스는 독자 여러분의 소중한 원고를 기다리고 있습니다. 집필을 끝냈거나 혹은 집필중인 원고가 있으신 분은 khg0109@hanmail.net으로 원고의 간단한 기획의도와 개요, 연락처 등과 함께 보내주시면 최대한 빨리 검토한 후에 연락드리겠습니다. 머뭇거리지 마시고 언제라도 메이트북스의 문을 두드리시면 반갑게 맞이하겠습니다.

■ 메이트북스 SNS는 보물창고입니다

메이트북스 홈페이지 www.matebooks.co.kr

책에 대한 칼럼 및 신간정보, 베스트셀러 및 스테디셀러 정보뿐만 아니라 저자의 인터뷰 및 책 소개 동영상을 보실 수 있습니다.

메이트북스 유튜브 bit.ly/2qXrcUb

활발하게 업로드되는 저자의 인터뷰, 책 소개 동영상을 통해 책에서는 접할 수 없었던 입체적인 정보들을 경험하실 수 있습니다.

메이트북스 블로그 blog.naver.com/1n1media

1분 전문가 칼럼, 화제의 책, 화제의 동영상 등 독자 여러분을 위해 다양한 콘텐츠들을 매일 올리고 있습니다.

메이트북스 네이버 포스트 post.naver.com/1n1media

도서 내용을 재구성해 만든 블로그형, 카드뉴스형 포스트를 통해 유익하고 통찰력 있는 정보들을 경험하실 수 있습니다.

STEP 1. 네이버 검색창 옆의 카메라 모양 아이콘을 누르세요.   STEP 2. 스마트렌즈를 통해 각 QR코드를 스캔하시면 됩니다.
STEP 3. 팝업창을 누르시면 메이트북스의 SNS가 나옵니다.